JN441221

가장 눈부신 석양,

윤영창 제2수필집

문학공원 산문선 82

가장 눈부신 석양,

윤영창 제2수필집

문학공원

책머리에

요즘처럼 정보가 넘쳐나는 시대에 모든 것을 온전히 습득한다는 것은 참으로 어려운 일입니다. 그럼에도 인생을 살아가는 동안 문득 깨닫게 되는, 알면 좋을 지혜와 가치는 언제나 우리 곁에 조용히 머물러 있습니다.

세 번의 사반세기 시간을 지나오며 보고 듣고 느껴온 소중한 경험들, 그리고 마음에 깊이 울림을 주었던 선현들의 가르침을 본받아 그 정신을 새기며 작은 단문들로 옮겨 적었습니다.

첫 수필집 『노을빛으로 그린 단상』을 세상에 내놓은 뒤, 그 뒤를 이어 다시금 마음의 흔적들을 모아 두 번째 수필집으로 엮어 여러분 앞에 선보이게 되었습니다.

이 책 속에 담긴 짧은 생각들이 분주한 일상 속에서 잠시 멈추어 서서 삶의 의미를 되새겨보는 따뜻한 쉼표가 되기를 소망합니다.

비록 미약한 글일지라도 독자 여러분의 마음에 작은 울림으로 가 닿을 수 있다면 더없는 기쁨이겠습니다.

늘 변함없이 성원해주신 모든 분께 진심어린 감사를 드립니다.

2025년 말미에

화봉 **윤 영 창**

차례

제1부 믿음의 여정

제2부 공존의 미덕

제3부 청렴의 가치

제4부 흔들리지 않는 마음

제5부 열두 번째 달

제1부
믿음의 여정

조선시대의 숨은 변호사제도, 외지부(外知部)

조선시대에는 오늘날 우리가 알고 있는 '변호사'라는 직업이 존재하지 않았다. 오히려 소송을 대리하거나 법률 문서를 작성해주는 행위는 국가가 엄격히 금지한 일이었다. 그럼에도 불구하고 민간에는 문맹률이 높아서 법률 지식과 문서 작성 능력을 바탕으로 백성들의 소송을 돕는 사람들이 있었으니, 이들이 바로 외지부(外知部)였다. 공식적으로는 인정하지 않았지만, 실질적으로는 백성들 곁에서 '보이지 않는 변호사' 역할을 담당했던 이들이다.

조선시대의 대다수 백성은 한자를 읽거나 복잡한 법률 문서를 작성할 능력이 없었다. 토지·노비와 관련한 분쟁은 끊이지 않았지만, 소지(訴紙, 소장)를 준비하고 절차를 이해하기란 매우 어려운 일이었다. 바로 이 틈에서 외지부가 등장했다. 그들은 소송 문서를 대신 작성하고, 재판 절차를 알려주며 때로는 조심스레 소송을 이끌어 주기까지 했다. 법적으로는 금지된 일이었지만, 백성들에게는 없어서는 안 될 조력자였다.

하지만 조선 정부는 이들의 존재를 곱게 보지 않았다. 외지부가 백성들에게 법률 지식을 제공함으로써 소송이 늘고, 사법질서가 흔들린다고 판단한 것이다. 더 나아가 법률 지식이 '사사로이' 유통되는 것 자체가 체제의 권위를 약화시킨다고 보았다.

성종 9년(1478년)에는 외지부의 활동을 전면 금지하는 훈령이 내려졌고, 그럼에도 수요는 사라지지 않았다. 백성들은 여전히 도움을 필요로 했고, 외지부는 친척을 가장하는 등 은밀한 방식으로 활동을 이어갔다.

이처럼 외지부는 조선의 법체계가 갖는 한계를 메우는 존재였다. 그러나 근대화의 물결이 밀려오면서 비로소 그 역할은 제도 속으로 흡수되기 시작한다.

1895년, 고종은 민형소송규정을 공포하며 처음으로 합법적인 소송대리인의 존재를 인정했다. 이는 외지부가 오랜 세월 수행해온 역할이 드디어 제도 안으로 들어온 역사적 순간이었다. 이어 1905년에는 변호사법이 제정되며 현대적 의미의 변호사 제도가 완성된다.

공식 제도 밖에서 묵묵히 백성들의 억울함과 절실함을 기록해 주던 이들의 존재는, 오늘날 법조인의 사회적 역할과 책무를 되돌아보게 한다.

잉카제국의 석축기술

잉카의 건국 시조인 망코 카팍이 13세기 초에 부족을 이끌고 쿠스코에 정착하면서 쿠스코 왕국을 세웠습니다.

1438년, 파차쿠티 황제가 집권하면서 주변지역을 정복하고 광대한 영토를 통일하여 잉카문명의 상징적인 석축과 건축물들은 주로 잉카제국의 확장기, 즉 15세기 중엽(1400년대 중반)부터 스페인 침략이 시작되는 16세기 초 사이에 집중적으로 축조되었습니다.

가장 유명한 건축물들, 예를 들어 마추픽추와 쿠스코의 삭사이와만 요새 등의 대규모 석조 건축물들은 대체로 잉카제국을 건설하고 확장한 파차쿠티 황제의 통치기(1438년-1471년) 이후에 주로 건설된 것으로 추정됩니다.

잉카의 특징적인 정교한 석조 기술, 즉 쐐기 모양으로 다듬은 돌들을 모르타르 없이 딱 맞게 쌓는 방식은 제국 시대에 최고조에 달했으며, 이는 통일된 중앙 집권적 통치와 노동력 동원 능력이 뒷받침되었기에 가능했습니다.

안데스의 푸른 하늘 아래, 잉카제국의 돌담은 오늘도 묵묵히 서 있습니다. 접착제 하나 쓰지 않고도 수백 년의 세월을 견뎌낸 그 벽들은, 단순한 건축이 아니라 대지와 인간이 맺은 신성한 약속처럼 느껴집니다.

잉카의 석조 기술, 그중에서도 '아시블라드(Ashlar)' 방식은 놀라움 그 자체입니다. 발전된 석축 공구 없이 돌과 돌 사이에 면도날 하나도 들어가지 않을 만큼 정밀하게 맞물린 구조, 그것은 인간의 손끝이 빚어낸 완벽함이자 자연의 질서에 순응한 예술입니다. 접착제 없이도 오롯이 중력과 마찰의 조화로 서 있는 돌담은, 인공과 자연이 서로를 이해하고 신뢰할 때 가능한 기적이었지요.

특히 쿠스코의 12각 돌은 잉카 장인들의 섬세한 감각과 수학적 사고가 얼마나 정교했는지를 보여줍니다. 지진이 잦은 안데스 산맥에서도 무너지지 않고 지금도 원형 그대로 보존된 것은 오히려 유연하게 흔들리며 충격을 흡수하는 그 구조는 생존의 지혜이자 자연과의 공존을 향한 문명의 철학이 담겨 있습니다.

오늘날 마추픽추나 삭사이와만의 유적을 바라보면, 우리는 돌 속에서 시간의 숨결과 인간의 혼을 느낍니다. 잉카의 기술은 단지 건축이 아니라, 자연을 이기지 않고 품었던 사람들의 마음이 만든 위대한 유산입니다.

그 돌담 앞에 서면 묻게 됩니다.
"우리는 지금, 얼마나 자연과 조화를 이루며 살아가고 있는가?"

탄허 스님의 예지(豫知)와 한반도의 미래

예언(豫言)은 앞날을 미리 말하는 것이며, 예지(豫知)는 앞날을 미리 아는 능력을 말함인데, 다가올 미래를 미리 말하는 사람들을 가리켜 예언가라고 통칭하는데 개인적인 관심사라면 예언이라고 표현했지만, 국가적인 관심사만 알려주신 스님에게는 예지력이 계시다라는 표현을 사용하고자 함을 밝혀둡니다.

동방의 대석학이자 불교학의 거목으로 추앙받는 탄허(呑虛, 1913-1983) 스님은 단순한 경전 해석을 넘어, 시대의 흐름과 인류 문명의 방향을 꿰뚫어본 예지(豫知)의 인물로 기억됩니다. 세상은 그의 통찰을 '예언'이라 불렀으나, 스님은 그것을 우주의 원리와 변화의 이치를 탐구한 '정역(正易)의 깨달음'이라 하셨습니다.

스님의 예지는 이미 여러 역사적 사건을 통해 그 정확성을 보여주었습니다. 1949년, 스승 한암 스님께 6.25 한국전쟁의 발발을 미리 알리고 피신을 권유했던 일화는 널리 전해집니다.

또한 4 · 19 혁명의 발발과 청년 세대의 주도적 변화를 내다보셨고, 당시로선 상상하기 어려웠던 베트남 전쟁에서의 미국 패배까지 예견하셨습니다.

더 나아가 스님은 지구 환경의 대변화를 경고하셨습니다. 고베 대지진, 해일, 북극 빙하의 해빙 등 오늘날 현실이 된 재해의 징후를 이미 수십 년 전 언급하시며, "불기운이 북극으로 들어가 빙산이 녹을 것"이라 하신 말씀은 놀라운 과학적 통찰로 회자됩니다.

탄허 스님은 지구가 아직 '미성숙한 기울기(23°7′)'의 단계에 있으며, 지축 정립을 통해 새로운 질서의 시대, 곧 정역(正易)의 시대로 나아가리라 예견하셨습니다.

이 과정에서 기후와 지질의 급변으로 인류의 대다수가 시련을 겪게 되겠지만, 그것은 멸망이 아닌 새로운 세상의 정화 과정이라 하셨습니다.

"악은 스러지고, 선이 남는다."

그리하여 살아남은 이들이 조화와 평화의 세상, 곧 후천(後天)의 개벽 시대를 맞이하게 될 것이라 말씀하셨습니다.

스님은 특히 "우리나라의 미래가 가장 밝으며, 앞으로 세계사의 문제는 한국에서 시작되고 종결된다."라며 한반도의 시대적 사명을 역설하셨습니다.

이는 단순한 민족적 자부심이 아니라, 정신문화의 중심국으로서 인류를 이끌어야 할 사명을 일깨우는 선언이었습니다.

또한 스님은 서해안 시대의 도래를 예지하며, 스님이 남긴 말씀의 본질은 두려움이 아니라 깨달음입니다.

그의 예지는 단순한 미래 예언이 아니라, 우리가 다가올 변혁의 시대를 맞이하며 '허심(虛心)'으로 마음을 비우고, 청년에게 길을 열며, 진리의 도(道)에 따르라는 실천적 메시지 였습니다.

그의 통찰은 오늘날의 혼돈과 위기 속에서도 여전히 살아 숨 쉬며, 우리에게 이렇게 속삭입니다.

탄허 스님의 예지는 예언이 아니라, 우리가 스스로의 마음을 돌아보게 하는 거울이자 다가올 시대를 준비하라는 경고입니다.

믿음(信)의 여정

믿음(信)은 한 존재의 가슴에서 피어나, 삶의 단계마다 가장 따뜻하고 절대적인 의지처를 찾아 흐르는 눈부신 강물과 같습니다.

우리의 첫 믿음은 세상의 모든 빛이자 능력인 어머니의 품에서 싹틉니다. 작은 두 손으로 엄마의 옷자락을 잡고, 그 온기 속에서 세상은 안전하고 완전하다고 믿었죠. 엄마의 미소는 전지전능한 신의 축복이었고, 엄마의 목소리는 어떤 불안도 잠재우는 절대적인 진리였습니다. 이 시기의 믿음은 100%의 순수한 의지이며, 영혼의 가장 깊은 곳에 새겨진 사랑의 원형입니다.

성장하며 우리는 세상이라는 드넓은 교실로 나섭니다. 이때, 우리의 마음은 선생님이라는 새로운 등불을 따르게 됩니다. 선생님이 들려주는 지식과 가르침은 혼란스러운 세상을 이해하는 지혜의 열쇠가 됩니다. 어머니의 절대적인 사랑이 '존재'의 믿음이었다면, 선생님의 가르침은 '이성'과 '사물'을 바라보는 새로운 차원의 신뢰를 심어줍니다. 마음은 어머니의 따뜻함을 간직한 채, 한 단계 더 높은 지평을 향해 나아가기 시작합니다.

인지 능력이 성숙하고, 삶의 무게가 어깨를 짓누르는 성인이 되면, 우리의 믿음은 마침내 초월적인 존재를 향한 숭고한 기대로 승화됩니다. 깨달음의 한계를 느끼고, 인간의 힘으로 해결할 수 없는 고통 앞에서, 우리는 하느님, 부처님과 같은 영원한 안식처를 찾습니다.

이 믿음은 단순히 의지하는 것을 넘어, 스스로를 돌아보고 수양하는 내면의 성찰로 이어집니다. 종교와 신앙 활동은 홀로 설 수 없는 인간의 나약함을 인정하고, 그럼에도 불구하고 더 나은 존재로 살아가고자 하는 간절한 염원이 됩니다.

이 궁극적인 믿음은 우리를 사회생활의 공동체로 이끌며, 서로를 존중하고 사랑하는 숭고한 울타리를 만들어 줍니다.

결국, 믿음은 엄마의 사랑에서 시작해, 스승의 지혜를 거쳐, 마침내 신에게 바치는 영혼의 고백으로 완성되는 아름다운 성장 드라마입니다. 우리가 평생 찾아 헤매는 것은 결국, 유아기 때 느꼈던 그 변치 않는 절대적인 안심인 것입니다.

단감과 홍시

단감은 너였을까
선불리 익지 않는 청량한 기품
아삭…, 깨물면
가을 하늘의 파랑이 입안 가득 번진다

단단한 미소 속에 숨겨둔
이슬처럼 맑고 시원한 기쁨
손끝에 배인 햇살의 온기처럼
망설임 없는 투명한 사랑이었지

홍시는 나였을까
떫은 세월의 숨죽인 서러움을 견디며
고요히 스스로 허물어져 내린 마음
말랑하게 녹아든 속살 속에
태양의 붉은 농도가 깊게 스미고
꿀물처럼 끈적한 달콤함이 천천히 피어난다

이가 없는 이에게도 전해지는
봄볕 같은 부드러움의 용서
그리고 깊은 이해가 우러나는 맛처럼
같은 가지의 운명으로 태어나
하나는 청춘의 선명한 아삭임으로

또 하나는 시간의 고요한 숙성으로
너의 단단하고 선명한 웃음과
나의 느리고 촉촉한 눈물이
가을 햇살 아래 금빛으로 교차한다

우리는 그렇게 함께 익어간다
노랗고 붉은 물감이 번지는
마음의 계절 속에서

거북이에게 배우는 삶의 속도

한자성어에 학수천년(鶴壽千年) 귀수만년(龜壽萬年)이란 글이 있습니다. "학은 천 년을 살지만, 거북은 만 년을 산다"는 뜻으로 장수를 기원한다는 말로 널리 쓰이고 있습니다.

거북은 천천히 걷습니다. 그러나 그 느림 속에서 세월을 품고, 바람을 기억하며, 오랜 생을 살아갑니다. 반면, 빠른 몸짓으로 하루를 태우는 생쥐나 토끼는 짧은 생의 불꽃처럼 스쳐갑니다.

느림과 빠름의 차이는 단순한 속도가 아니라, 삶을 대하는 방식의 차이일지도 모릅니다.

자연은 마치 모든 생명에게 일정한 '에너지의 등불'을 나누어준 듯합니다. 심장이 빠르게 뛰고, 숨이 가쁠수록 그 불꽃은 더 빨리 타오르다 이내 사그라듭니다.

생쥐가 분당 백 번이 넘는 숨결로 단 몇 해를 사는 동안, 바다거북은 느린 호흡으로 일생을 80년에서 150년을 살 수 있다고 추정하

고 있습니다.

인간 또한 마찬가지입니다. 깊고 고요한 호흡은 마음을 안정시키고, 세포의 시계를 늦추며, 생명의 불꽃을 오래 지켜줍니다.

거북의 삶에는 조급함이 없습니다. 느린 걸음으로 한 걸음, 또 한 걸음을 내딛으며, 세상의 소리를 천천히 듣고, 계절의 변화를 온몸으로 받아냅니다. 느림은 결코 뒤처짐이 아니라, 오래도록 머무는 법을 아는 지혜입니다. 평온한 성정과 낮은 대사율은 에너지를 아껴 쓰게 하고, 불필요한 싸움을 멀리하게 합니다. 그래서 거북은 쉼 없이 살면서도 지치지 않습니다.

우리의 일상은 늘 '빨리빨리'라는 구호 속에 갇혀 있습니다. 더 많은 것을 이루기 위해 잠을 줄이고, 마음을 다그치며, 스스로를 몰아세웁니다. 하지만 결국 남는 것은 피로와 공허함뿐입니다. 인생의 길에서도 때로는 멈춤이, 가장 현명한 전진이 될 수 있습니다.

이제 우리에게 필요한 것은 속도의 경쟁이 아니라, 호흡의 조율입니다. 하루를 천천히 열고, 음식을 곱게 씹으며, 햇살 한 줄기에도 감사할 줄 아는 마음. 늦가을 들녘의 거북처럼, 묵묵히 그러나 흔들림 없이 걸어가는 삶. 그것이야말로 장수의 본질이며, 마음의 평화를 지키는 가장 아름다운 방식입니다.

거북의 느림은 정지된 시간이 아니라 지속을 위한 리듬입니다. 우리 또한 그 리듬 속에서, 조금은 더 느긋하게, 조금은 더 따뜻하게 살아갈 수 있다면…, 삶의 길 위에서 오래도록 빛나는 미소로 남을 수 있지 않을까요.

도반(道伴)에 관한 이야기

'도반(道伴)은 길을 함께 가는 짝'이라는 뜻인데 오늘날은 "인생에서 서로 배우고지탱해 주는 깊은 벗"이라는 뜻으로 널리 쓰이고 있어 그 의미를 되새겨 본다.

눈 내린 산길을 스승과 제자가 함께 걷고 있었다. 발자국마다 하얀 숨결이 고이고, 차가운 바람은 얼굴을 스쳤다. 그때 제자가 미끄러져 넘어졌다. 스승은 그의 손을 잡아 일으키며 부드럽게 웃었다.

"이번엔 내가 너를 잡았으니, 다음엔 네가 나를 잡아주거라."

그 짧은 한마디 속에서 제자는 문득 깨달았다. 도반이란 앞서 걷는 이가 아니라, 넘어졌을 때 옆에 손 내밀어주는 사람이라는 것을.

또 다른 새벽, 두 노스님이 절 마당을 향해 나선다. 한 분은 눈이 어두워 등을 들고, 다른 한 분은 다리가 불편해 그의 팔을 붙든다. 등불 아래 두 그림자가 천천히 흔들리며, 서로의 부족함을 채워 한 몸처럼 걸어간다.

道伴

"내 눈이 그의 다리가 되고, 그의 다리가 내 눈이 됩니다."

도반은 그런 존재다. 멀리서 길을 가리키는 이가 아니라, 어둠 속에서도 곁을 지키는 한 사람, 넘어질 때 일으켜 세워주고, 길을 잃을 때 등불이 되어주는 벗이다.

인생의 긴 여정 속에서 그런 도반, 깐부 몇 명을 만난다면, 그것이야말로 하늘이 내려준 가장 따뜻한 축복이 아닐까.

입동의 마음

찬 바람이 문턱을 스치면
겨울의 발소리가 가까워지는 절기
입동(立冬)이 다가옵니다
들녘의 이삭은 모두 거두어지고
텅 빈 논에는 바람만이 남아
한 해의 수고를 조용히 어루만집니다

"입동이 지나면 김장부터 하라."
어머니의 손끝은 분주해지고
무와 배추는 흙냄새를 머금은 채
소금물 속에서 겨울의 시간을 준비합니다
이웃과 나누던 따뜻한 웃음
김칫국물의 매운 향기 속엔
살가운 정이 익어갑니다

새 곡식으로 빚은 시루떡은
터줏단지 앞에 올려 감사의 절을 드리고

수고한 소에게도 한 조각 나누어
“올해도 고맙다” 속삭이던 날들
낙엽이 흩날리고
산짐승은 굴 속으로 숨어드는 이때
우리 마음도 차분히 겨울을 맞이할 채비를 합니다

옛사람들은 말했지요
“입동에 날이 차면 겨울이 덜 춥고
따뜻하면 된서리가 일찍 온다.”
하늘의 빛과 바람의 숨결로
계절을 읽던 그 지혜가
지금도 우리 곁에 살아 있습니다

입동은 단지 추위의 시작이 아닙니다
그것은 한 해를 정리하고
다음 계절의 고요를 맞이하는 마음의 예식입니다
삶의 온기를 되새기며
우리 모두 마음속에 따뜻한 장독 하나를 묻어두는 시기…
그것이 바로, 입동의 뜻입니다

치매를 늦추는 '5,000보의 기적'

세월이 흐를수록 몸보다 먼저 기억이 늙어간다는 말을 실감하는 시대다. 이름이 더디 떠오르고, 익숙한 길이 낯설어질 때 비로소 '나이 듦'의 그림자를 느낀다. 치매는 그 그림자 속에서 조용히 다가와, 개인의 존엄과 가족의 일상을 앗아가는 무서운 손님이다.

하지만 희망의 문은 아직 닫히지 않았다. 최근 하버드대와 매스 제너럴 브리검 연구팀이 국제학술지 『네이처 메디신』에 발표한 연구 결과는, 그 문틈으로 스며든 한 줄기 빛과도 같다. 하루 5,000보에서 7,500보가 단지 그만큼의 걸음이 알츠하이머 병의 진행을 최대 7년이나 늦출 수 있다는 사실이 밝혀진 것이다.

이는 '운동이 좋다'는 막연한 믿음을 넘어선, 과학이 증명한 희망의 메시지다. 14년에 걸쳐 296명의 성인을 추적한 결과, 꾸준히 걷는 사람들의 뇌에서는 치매의 주범인 '타우 단백질'이 훨씬 느리게 쌓였다. 말하자면, 한 걸음 한 걸음이 뇌세포를 지키는 방패였던 셈이다.

예전에는 "하루 1만 보를 걸어야 건강하다"는 말이 유행처럼 번졌지만, 이제는 숫자보다 '지속'이 중요하다는 걸 안다. 완벽한 운동이 아니라, 매일의 작고 성실한 움직임이 우리의 기억을 오래 붙잡아 둔다.

거창한 피트니스 센터가 아니라, 집 앞 골목길에서 시작하면 된다. 오늘도 마음을 다독이며 천천히 내딛는 그 5,000보가, 내일의 나를 지켜줄 작은 기적의 발자국이 될 것이다.

조선왕조와 대통령의 리더십

『조선왕조실록에서 배우는 리더의 품격』(著者 석산)에서는 27명의 왕들의 삶과 리더십을 분석하여 현대 사회의 리더들에게 필요한 교훈과 통찰을 분석했는데 태조부터 순종에 이르기까지 세종, 정조 같은 탁월한 리더십과 연산군, 선조 같은 무책임한 리더십의 실패 요인을 탐구하였다.

왕별 리더십 키워드를 요약하면

제1대 태조는 상자 밖에서 생각하라.(창의적 사고와 결단력)

제3대 태종은 결과에만 집중하라.(결과 중심의 리더십)

제4대 세종은 군주는 누구를 위해 존재하는가?(애민 정신과 위민의 리더십)

제7대 세조는 오직 목적이 이끄는 삶.(목표 지향적인 리더십)

제8대 예종은 결정하지 못하는 자는 리더가 아니다.(결단력의 중요성)

제14대 선조은 무책임한 잔머리의 왕.(실패한 리더십의 예, 책임감 부족)

제22대 정조는 새로운 판을 짜다.(혁신적인 리더십과 개혁)

이 책은 조선 500년 역사를 통해 리더의 조건, 자질, 그리고 책임감에 대해 깊이 있는 성찰을 제공하였다.

조선 임금의 통치 리더십을 비교한다면, 태종이 왕권강화와 사병(私兵)혁파 등 개혁을 시도한 반면, 연산군의 강압적 통치기반과 세종의 문화과학 발전과 신하들과 소통, 정조의 탕평책 등을 꼽을 수 있는데, 현대에서는 대통령들이 어떠한 리더십이 있었는지를 2000년 이전 리더들만을 대상으로 정책적으로 평가한다면 다음과 같다.

이승만의 반공체제 확립과 한미동맹 강화, 박정희의 경제개발 5개년계획 등 목표 지향적 국가기반 확립과 전두환의 신군부의 권위적 통치기반 강화, 노태우의 보통사람 슬로건, 김영삼의 금융실명제 등 시대적 문제해결, 김대중의 햇볕정책 등을 꼽을 수 있다.

역사는 세월이 지난 후에나 평가받기 때문에 그 이후에 전직 대통령 평가는 아직 평가 대상이 아님을 밝혀둔다.

그리움이 만든 삶의 색채

살아가는 동안, 미치도록 보고 싶은 사람이 있다는 것은 어쩌면 우리 삶에 주어진 가장 아름다운 축복일지도 모릅니다.

만약 가슴 저릿하게 보고 싶은 이가 아무도 없다면, 우리의 일상은 마치 색이 바랜 사진처럼 무미건조하고 재미없게 느껴지기 쉽습니다.

하루하루가 습관처럼 반복되며, 특별한 설렘이나 강렬한 감정의 파고 없이 흘러가 버립니다. 하지만, 깊은 그리움의 대상이 존재하는 순간, 삶은 완전히 다른 빛깔을 띠기 시작합니다.

그 사람을 향한 간절한 마음은 시간의 소중함을 깨닫게 하며 다시 만날 날을 위한 희망이라는 엔진을 돌립니다. 그리움은 단순히 보고 싶다는 감정을 넘어, 살아있음의 증거이자 열정의 원천이 됩니다.

그 사람을 떠올리는 것만으로도 힘든 순간을 견딜 에너지를 얻고,

소소한 행복 속에서도 그 사람과 나누고 싶은 마음 때문에 기쁨이 배가됩니다.

보고 싶은 사람을 가진다는 것은, 삶이라는 캔버스에 가장 진하고 아름다운 색을 칠할 수 있는 붓을 가진 것과 같습니다. 그리움이야말로 우리 삶을 풍요롭고, 입체적이며, 가슴 뛰는 이야기로 만들어주는 가장 강력한 동력입니다.

보고 싶은 사람이 있다는 것, 그것은 곧 우리가 살아있음을 가장 생생하게 증명하는 방법입니다. 혹시 지금 당신의 가슴 속에는 당신의 삶에 색을 입혀줄 '그리운 한 사람'을 만들어보시자고요.

깊은 의미를 갖는 이야기

첫째, 비(雨)를 내리기 위해 기우제(祈雨祭)를 지내는 날, 우산을 들고 참석한 사람은 단 한 명의 소년이었다. 그것이 '믿음'이다.

둘째, 아기를 공중에 던지면, 아기는 웃는다. 부모가 자신을 받는다는 것을 믿기 때문이다. 그것이 '신뢰'다.

셋째, 내일은 살아 있을지 확신은 없지만 다음 날을 위해 알람을 맞춘다. 그것이 '희망'이다.

산이 도시보다 단풍이 붉은 이유

가을은 색채의 계절이다. 도심의 가로수도 곱게 물들지만, 사람들은 굳이 산을 찾는다. 산속의 단풍이 도시보다 훨씬 더 선명하고 붉기 때문이다. 그 이유는 자연의 미학 속에 숨은 과학이다.

단풍의 색은 엽록소가 사라진 뒤 잎에서 새로 만들어지는데, 그 합성의 핵심은 '당의 축적'이다. 산속은 밤낮의 온도차가 커서 나무의 밤 호흡이 줄고, 잎 속에 당이 더 많이 남는다. 이 당이 붉은빛의 원료가 된다.

또한 산은 도시보다 공기가 맑고 햇빛이 강해 안토시아닌 생성을 더욱 촉진한다. 가을의 서늘한 기온은 잎과 가지 사이에 '떨켜'를 형성해 물과 양분의 이동을 막고, 단풍빛을 완성시킨다.

결국 산의 붉은 단풍은 단순한 아름다움이 아니라, 겨울을 대비한 나무의 생존 전략이 낳은 예술이다.

온도차와 햇빛, 그리고 고요한 산의 공기가 빚어낸 이 색의 향연

은 자연이 우리에게 들려주는 가장 뜨거운 생명의 이야기다.

세월(歲月)의 잔향(殘香)

흩날린 잎새 아래 고즈넉이 스미고
녹음의 물결 깊어 단풍으로 물들다
은빛 침묵이 세상을 감쌀 때
아련히 반백 년의 그리움이 머무네
아, 덧없이 스러진 오랜세월의 강물(江水)이여…

애써 쥐려 해도 손틈으로 새는 물방울 같아
불꽃 같던 날들은 이제 아득한 몽환(夢幻)의 그림자
그때 왜 읽지 못했을까
모든 찰나가 피어날 꽃씨였음을
조금 더 열렬히 사랑하고
조금 더 푸른 용기로 나섰다면
회한(悔恨)의 바람결이 이리 시리진 않았으련만

허나 이 고요한 겨울, 침잠(沈潛)의 시간 끝에서
나 다시 심지(心志)를 곧추세우네…
흐른 시간은 다시 엮을 수 없어도
오늘의 따스한 숨은 오롯이 나의 천명(天命)임을

〈

하얗게 잠든 대지 아래 뿌리처럼

내 속의 여명(黎明)도 다시 움트리

새벽의 이슬처럼 맑은 마음으로 다가올 봄을 영접하리

서정(抒情) 어린 아쉬움이여

이제 나의 나아갈 길을 밝히는 별빛이 되어라

11월의 속삭임

곱게 물든 단풍이 바람에 실려
조용히 귀향길을 재촉한다
이제 낙엽이 되어 흙으로 돌아갈
채비를 하고 있다

한 해의 9부 능선
서서히 문턱에 닿은 계절, 십일월
차가운 바람 스며드는 길목에도
하늘은 여전히 부드러운 햇살로
우리의 어깨를 다정히 감싸안는다

낙엽 위를 걷는 발끝마다
숨어있던 웃음과 기억이 되살아나
하루의 고단함을 위로한다
따뜻한 차 한 잔의 은은한 향기가
차가워진 손끝을 조용히 어루만진다

歲月静好

〈

사소한 순간 속에도
사랑과 온기가 스며드는 달
11월은 우리에게 나지막이 속삭인다
"천천히, 서로에게 기대며 걸어가자."

다가올 새해를 설계하는 길목에서
잠시 멈춰 숨을 고르고
그리운 사람과 마주 앉아
따뜻한 차 한 잔의 시간을 나눈다

묵혀둔 마음의 짐
가기 전 풀어야 할 작은 숙제들을
조용히 내려놓으며
새로운 시작의 빛을 기다린다

그대와 내가 나란히 선
열한 번째 계절의 끝자락
그 속에서 우리는
또 내일을 위한 성장을 준비한다

흰머리, 노화 아닌 '암 방어 신호'일 수도

흰머리는 오랜 세월 '노화의 상징'으로 여겨져 왔다. 그러나 최근 일본 도쿄대 연구팀의 흥미로운 연구 결과가 이 통념을 뒤집고 있다. 연구에 따르면, 흰머리는 단순한 노화 현상이 아니라 몸이 암과 같은 세포 손상에 대응하는 생체 방어 반응의 흔적일 수 있다는 것이다.

모낭 속에서 머리카락의 색을 결정하는 색소 줄기세포(McSC)는 멜라닌을 생성한다. 그런데 이 세포가 DNA 손상을 입으면, 그대로 방치될 경우 흑색종과 같은 피부암으로 발전할 위험이 높다. 이때 인체는 손상된 색소줄기세포를 스스로 소멸시킨다. 그 결과 멜라닌 생성이 중단되어 머리카락이 흰색으로 변한다는 것이다.

즉, 흰머리는 우리 몸이 "손상된 세포를 제거함으로써 암 발생을 미연에 막고자 하는 자연의 자기 방어 기전"이라는 해석이 가능하다.

물론 연구팀은 흰머리가 암을 직접 예방한다는 의미는 아니라고 강조했다. 다만 이러한 생리적 반응이 제대로 작동하지 않을 경우, 세포 손상 누적으로 인해 암 발생 위험이 커질 수 있음을 시사한다.

흰머리를 단순히 '세월의 흔적'으로만 여기던 시선에서 벗어나, 인체가 스스로를 지키기 위해 작동하는 섬세한 생명 시스템의 신호로 바라볼 필요가 있다. 어쩌면 머리카락 한 올의 하얀 빛 속에도, 몸의 놀라운 생존 의지가 숨어 있는지도 모른다.

10만 전자 시대의 개막, 한국 경제의 자신감을 되찾다

2025년 10월 27일, 삼성전자 주가가 사상 처음으로 10만 원을 돌파하며 '10만 전자' 시대를 열었다. 이날 종가 10만2천 원은 국내 증시 역사에서 기업 가치의 새로운 장을 연 상징적인 기록이다. 주가 상승으로 삼성전자의 시가총액은 약 603조 원에 달했으며, 불과 1년 전 대비 300조 원 이상 증가했다.

이 같은 폭등은 단순한 기업의 호재를 넘어, 지난 3분기 경제성장률이지난해부터 0%대성장률에서 성장률을 끌어 올려 1.2%의 깜짝성장을 하는등 경제 전반에 긍정적 파급효과를 미치고 있다. 우선, 거래 대금이 늘어나면서 증권거래세와 금융투자소득세가 증가하고, 기업 실적 개선은 법인세 확충으로 이어진다. 주가 상승이 곧 세수 증가로 연결되는 것이다.

또한 주가 상승은 국민 자산 가치 상승으로 이어져 소비심리 회복을 촉진한다. 국민 다수가 삼성전자 주식을 보유하고 있는 만큼, 이른바 '부의 효과(Wealth Effect)'가 내수 진작에 크게 기여할 것으로 보인다. 더불어 기업의 자금 조달 여건이 개선되어 투자 확대와

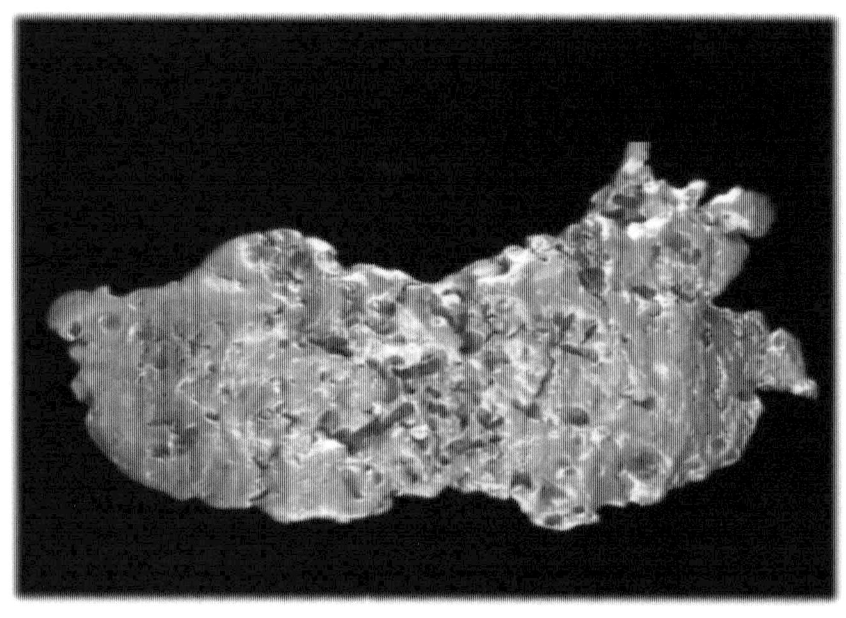

고용 창출로 이어질 가능성도 높다.

'10만 전자'의 등장은 단순한 숫자의 변화가 아니라, 한국 경제의 자신감이 회복되었다는 신호다. 삼성전자의 약진은 국가 재정의 든든한 버팀목되어 환율은 올랐지만, 코스피 지수도 4,000선을 돌파하는 산업 전반의 활력을 되살리는 계기가 되고 있다. 한국 경제가 이 상승세를 바탕으로 지속 가능한 성장의 길로 나아가길 기대한다.

복(福)이란 무엇인가

1. 복은 멀리 있지 않다.
감사하는 마음속에 이미 머물러 있다.

2. 마음이 고요하면,
복은 스스로 길을 찾아온다.

3. 주는 마음이 곧 복의 씨앗이다.
베푸는 손길마다 복이 움튼다.

4. 탐하지 말고, 감사하라.
그것이 복의 시작이다.

5. 복은 우연이 아니다.
고마움을 익힌 마음의 습관이다.

6. 복은 하늘이 내리는 것이 아니라,
사람이 스스로 짓는 것이다.

7. 진정한 복은 '갖는 것'이 아니라,
'느끼는 것'이다.

8. 덕을 쌓는 자에게,
복은 조용히 그 뒤를 따른다.

9. 복은 돈의 이름이 아니라,
평안의 다른 이름이다.

10. 감사하는 마음 하나면,
오늘도 복된 하루다.

넝쿨식물의 '촉' - 생명의 철학

넝쿨식물을 소재로 갈등(葛藤)이라는 한자 단어는 칡 갈(葛)자와 등나무 등(藤)자를 사용한 단어로서, 칡은 촉이 우(右)로 감아돌고, 등나무는 좌(左)로 감아돌아 정반대로 넝쿨이 엉키게 되면, 풀기 어렵다는 뜻으로 널리 사용됩니다.

넝쿨식물의 '촉(觸)'은 생명이 세상을 만나는 가장 섬세한 손끝입니다. 덩굴손이라 불리는 이 작은 기관은 스스로 설 수 없는 식물들이 지지대를 찾아 하늘로 오르기 위해 진화시킨, 경이로운 감각의 도구입니다. 줄기나 잎자루가 변형된 이 가느다란 실 한 올에는, 넘어지지 않으려는 생존의 본능과 빛을 향해 나아가려는 강렬한 의지가 응축되어 있습니다. 눈도 귀도 없는 식물이지만, 촉은 미세한 접촉을 정확하게 느낍니다.

손끝이 무엇인가에 닿는 바로 그 순간, 닿은 쪽 세포의 성장은 멈추고 반대편 세포가 길게 자라면서 부드럽게 감기기 시작합니다. 이 단순한 생리 작용이야말로 '감각'의 원형이자, 고요하지만 끈질긴 생명의 언어입니다.

오이, 포도, 콩, 수세미 등 수많은 덩굴식물들이 이러한 촉의 움직임으로 척박한 환경을 감아 오르며 새로운 길을 찾습니다. 자신의 몸을 단단히 세우지 못하더라도, 세상을 붙잡고 의지하며 기어코 위로 향하는 지혜. 그것이 바로 넝쿨의 촉이 우리에게 들려주는 가르침입니다.

우리의 삶은 어떻습니까. 인간 역시 홀로 완벽하게 설 수 없습니다. 우리는 누군가와의 '닿음'을 통해 비로소 자라고, 수많은 관계의 얽힘 속에서 삶의 방향을 얻습니다. 촉이 미세한 접촉을 감지하며 줄기를 뻗어 나가듯, 우리는 타인과의 섬세한 교감, 때로는 간절한 의지를 통해 삶이라는 험준한 벽을 기어 오릅니다.

보이지 않는 넝쿨의 촉에서 우리는 삶의 깊은 철학을 배웁니다. 혼자 힘으로 버거울 때, 주저앉지 않고 세상을 향해 가느다란 손길을 내미는 용기, 주변의 지지대를 끌어안고 함께 위로 솟아오르는 지혜, 넝쿨식물의 촉은 단순한 생리 작용을 넘어, 고난 속에서도 삶을 끈질기게 붙잡는 우리의 생명줄이자 희망의 은유일지 모릅니다.

오늘, 우리도 삶의 지지대를 찾아 뻗어나가는 '촉'의 정신으로 새로운 하루를 시작해보는 것은 어떨까요.

제2부
공존의 미덕

한탄강 Y자 출렁다리 찬미(讚美)

태고의 강물 위에 걸린
세 갈래 길의 은유(隱喩)
멈춰 선 현수(懸垂)는
인생의 '와이(Y)'자 기로(岐路)를 닮았네

발아래 깊은 협곡은
지나온 세월의 무게
눈앞에 갈라선 두 길은
아직 오지 않은 내일의 속삭임

어느 길을 택할 것인가
그곳은 선(善)의 축복일까
혹은 악(惡)의 그림자일까
결단의 바람이 흔들릴 때
출렁이는 걸음마다 운명이 빚어진다

인간이 품어야 할 세 빛

참됨을 아는 眞(진)
착함을 행하는 善(선)
아름다움을 누리는 美(미)
그 빛을 향한 발걸음이여

하늘(天)과 땅(地), 그리고 사람(人)
삼생만물(三生萬物)의 철학 속에
과거의 발자취와
현재의 떨림
미래의 지향을 세운다

한 걸음, 또 한 걸음…
그 선택이 곧 삶이 되고

다리 끝에 닿는 순간
우리는 다시 태어난다

한탄강 위의 'Y'자 다리
그곳은 영원의 질문이자
영원을 향한
우리의 대답이다

류유여(留有餘)

류유여(留有餘)는 한자 성어로 다음과 같다.

留(머무를 류) : 남기다, 머물다.

有(있을 유) : 있다, 가지다.

餘(남을 여) : 남다, 여유.

따라서 직역하면 "여유를 남기다"라는 뜻이다.

어떤 일을 할 때 모든 것을다 사용하지 말고 여유를 남겨두라는 가르침이다. 말 · 행동 · 감정 · 재물 · 권력 등 어떤 것이든 과하지 않고 절제하며 여백을 두는 삶의 지혜를 말한다. 비슷한 말로 "여백지미(餘白之美)"라고도 한다

즉, 留有餘는 "모든 일에 여유와 절제를 남겨라", "넘치지 않게, 남길 줄 알아야 한다"는 뜻의 삶의 철학을 담은 말이다.

먼길을 걷다보면 목마를 때 물을 마시게 된다. 목이 탄다고 생수병에 물을 남기지 않고 마셔버리면 도착하기 전에 목이 마르면 마실 물이 없어서 곤경에 처하게 된다.

留有餘

관용과 남용 사이

관용(寬容)은 인간 사회의 품격을 결정하는 미덕이다. 타인의 차이와 오류를 포용하고 다양성을 인정하는 태도는 민주 사회의 기둥이자 성숙의 징표다. 그러나 관용은 단순히 '참는 것'이 아니라, 상대의 존재 가치를 존중하는 적극적 이해의 행위다.

문제는 이 아름다운 덕목이 종종 남용(濫用)과 혼동된다는 점이다. '도량발호(跳梁跋扈)'란 사자성어처럼, 권력을 제멋대로 휘두르며 함부로 날뛰는 행태는 권한의 남용을 상징한다. 요즘 일부 정치인들이 권력에 취해 책임을 망각하고 오만하게 행동하는 모습이 그 대표적 예다.

남용은 권한이나 재량의 한계를 넘어 과도하게 사용하는 것으로, 특히 권력의 남용은 민주주의를 잠식하는 가장 위험한 독이다. 법과 제도의 허점을 악용하는 이기적 행태는 사회적 신뢰를 무너뜨리고 공동체를 병들게 한다.

혐오나 폭력, 불관용적 행위를 '표현의 자유'로 포장해 무분별하게

용인한다면, 사회는 스스로의 윤리적 토대를 붕괴시킨다. 관용은 모든 것을 허용하는 방임이 아니라, 불관용에 단호히 맞서는 적극적 책임이다.

진정한 관용은 정의로운 엄격함과 함께할 때 완성된다. 건강한 사회는 너그러움과 단호함이 균형을 이루는 지점, 그 아슬아슬한 벼랑 끝에서 비로소 바로 선다.

공존(共存)의 미덕(美德)

- 강자의 이해와 배려

강자(強者)와 약자(弱者) 관계의 원만함은 강자의 이해와 배려에 달려 있습니다.

개인 관계에서도 강자는 약자가 겪는 어려움을 진심으로 이해해야 합니다. 강자가 힘을 앞세워 약자의 고통을 외면한다면, 관계는 신뢰를 잃고 갈등에 빠집니다. 강자의 포용력이야말로 관계를 지속시키는 핵심입니다.

이 원리는 정치에서 다수당(多數黨)과 소수당(少數黨) 관계에서도 명확합니다. 국정 운영의 '강자'인 다수당이 정책 결정 시, 단독으로 강행할 힘이 있어도 소수당의 합리적인 의견을 경청하고 반영해줄 때 비로소 원만한 국정 운영이 가능합니다.

소수당의 의견은 국민 일부의 목소리이자, 다수당이 놓칠 수 있는 정책의 사각지대를 비춰줍니다. 다수당의 독주는 민주주의 정신을 훼손하고 국론 분열을 심화시킵니다.

♡공존의 미덕♡

개인 관계든 정치(다수당-소수당)든 , 힘을 가진 쪽이 약자의 어려움이나 소수 의견을 진심으로 이해하고 포용해야 신뢰가 유지되고 갈등 없는 원만한 관계 및 국정 운영이 가능합니다.

다수당의 독주는 민주주의 훼손과 국론 분열을 초래하며, 진정한 리더십은 겸손한 협치에서 나옵니다.

조화로운 사회를 위한 강자의 책임 있는 역할이 필수적입니다.

진정한 정치적 리더십은 힘의 과시가 아닌, 반대 의견까지 수렴하는 협치(協治)와 겸손함에서 나옵니다.

강자가 먼저 이해하고, 다수당이 소수당을 포용할 때, 우리는 갈등을 넘어선 조화로운 사회로 나아갈 수 있습니다.

강자의 역할이 공존의 필수 조건입니다.

상강절기(霜降節氣)

상강(霜降)은 서리가 내리기 시작하는 늦가을의 절기로
밤에는 기온이 크게 떨어진다
서리 상(霜), 내릴 강(降)…
찬 이슬이 서리가 되어 내리며 겨울 채비를 알리는 절기다

만추(晩秋)의 문턱에서
깊은 밤 기온이 내려앉아
찬 이슬은 보석이 되어 풀잎 끝에 맺히고
숨 막히는 고요 속에 마침내
하얀 서리가 대지에 내려앉네
흙냄새마저 얼어붙는 차가운 아침
산은 이제 마지막 열정을 토해내고
붉디붉은 단풍은 절정의 화려함을 지나
바스락바스락
가볍게 흩날리는 낙엽이
가을의 끝을 고하는 편지처럼 쌓이네

들녘은 황금빛 추수를 끝내고
허전한 빈터로 돌아섰지만
울타리 아래 홀로 선 국화는
서릿발 속에서도 꼿꼿이
그윽한 향기를 피워 올리고
높고 푸른 하늘에선 기러기 떼
긴 목소리로 남쪽 길을 재촉하네

다가올 겨울의 긴 침묵 앞에서
모든 생명은 고요히 숨을 고르고
깊은 잠을 준비하는 시간, 상강
가을의 마지막 페이지를
찬 서릿발로 덮어 쓰는
쓸쓸하면서도 고결한 계절의 마무리여

유연한 자세

롯데월드타워는 바람의 충격을 흡수하기 위해 꼭대기 층은 75cm가 흔들리도록 설계되어있다. 흔들림이 안전을 지키는 지혜다. 폭풍에 부러진 참나무와 달리, 바람에 몸을 맡긴 버드나무는 살아남았다. 변화에 순응하는 유연함이 진정한 강인함이다.

끓어넘치는 물처럼 분노를 억제하지 못하면, 자신과 주변을 해친다. 그러나 불을 끄고 기다리면 물이 다시 잠잠해지듯, 화도 시간 속에 가라앉는다.

바람에 휘어지되 부러지지 않고, 끓어오르되 넘치지 않는 마음, 그것이 익어가는 마음이고, 성숙하고 평온한 삶의 비결이다.

만추(晩秋)의 서정(抒情)

만추의 단풍은 지는 것이 아니었다
색을 벗어던지며 더 가벼운 비상으로 오르는 마지막 춤이었다

노을빛에 물든 단풍처럼
가장 화려한 이별을 준비하는 시월의 뒷모습이 고요히 저문다

오색빛 그리움 한 줌 안고,
바람의 등을 따라 은밀히 흘러가는 시간
천천히 잎새를 떨구던 시월
잃어가며 비로소 성숙이 익어갔다

햇살이 머물다 간 벚나무 잎처럼
적막의 고요 속에서
그리운 이름 하나를 조용히 삭힌다

가장 빛나던 순간에 등을 돌리는 마음
끝내 책임지지 못할 한 자락의 애틋함이 스며 있는 시월

국화 향기 진하게 배인 가을 볕 아래
슬픔 대신 감사로 물드는 넉넉한 마음의 계절이 찾아온다

퍼런 잎맥을 노랗게 태워 투명해지는 은행잎처럼
상처마저 위안이 되는 날들

사랑한다는 말 대신, 잘 익은 석류를 조심스레 쪼개어 건네듯
말 없는 충만함으로 채워지는 시월의 끝자락
비워낸 마음 위로 조용한 울림 하나가 천천히 스며든다

가을의 생각[晩秋默想]

쓸쓸한 바람 한 자락
남은 잎마저 풀어주는 시간
붉은 미련 내려놓은 가지마다
허공의 여백이 늘어간다

가득했던 녹음은
기억 속의 아련함으로 스러지고
결실의 무게를 벗은 들판에는
고요한 침묵만이 흐른다

돌아보면 덧없이 지나간 계절
무성했던 욕심과 치열했던 번뇌
다시 채울 수 없는 시간을 두고
빈 마음으로 고개를 숙인다

나 또한 한 잎의 단풍이었음을
화려했던 날들은 짧았음을 깨닫고

이윽고 다가올 하얀계절을 위해
단단한 뿌리로 돌아가야 할 때

차가운 공기 속
존재의 근원을 묻는 소리
만추의 묵상 끝에
가장 낮은 곳에서 삶이 시작된다

절벽 틈새에 핀 구절초 한 송이
소박한 흰빛으로 여기 서 있네
차거운 바람에도 꺾이지 않는 그 빛은
속삭이듯 귓가에 와닿는다

한 켠의 국화는 은근한 향으로
빈 가슴을 천천히 메우고,
가을의 끝자락에서 두 꽃은 서로를 비추며
작지만 깊은 우정을 건넨다

인생의 발자취

지나온 길을 뒤돌아보니
반백 년이 훌쩍 넘어섰네
검던 머리는 이제 백발이 되고
이마에는 세월의 흔적, 주름만 늘어가네

길 건너 스쳐 가는 사람이 희미하게 보일 듯 말 듯
손등의 주름은 내 삶을 살아온 훈장이오
지나온 수십 년 동안 쌓아 올린 흔적은 간데없고
곁에 있던 지인들은 소리 없이 내 곁을 떠나는구나

이제 홀로 남아 이 길을 걸어간다
남은 세월도 담담히 맞이하며

가을비[秋雨]

소리 없이
가을비 내리고

속삭이듯
세상을 적신다

내 사랑은
멈춘 듯 고요한데
마음은
이토록 비어 있네

빗방울 하나에
낙엽 한 잎 지고

가슴 가득하던
눈물도 흩어진다

허전한 이 가을
잡을 수 없는 그리움 따라

나는
빗줄기 속으로
조용히 젖어간다

시월의 속삭임

10월이 가면 밀려오는 적막함과 고독
가슴 시린 서늘함이 계절의 깊이를 더한다

단풍잎들이 화려함을 뒤로 하고
하나둘 자취를 감추려
운명처럼 색깔을 변화시킨다
어둠이 내리면 귀뚜라미 소리
고요를 깨우고 더욱 깊은 외로움을 속삭인다

지는 잎 소리에 귀 기울이면
문득 삶의 덧없음이 스치고

어둠이 내리면 귀뚜라미 소리
고요를 깨우고 더욱 깊은
외로움을 속삭인다

이 고독은 새로운 시작을 위한
가장 아름다운 채비인지 모른다

시대의 덕목, '겸손할 겸(謙)'

늘 '겸손할 겸(謙)'자를 의식하는 삶은 단순한 개인적 미덕을 넘어, 대인관계의 굳건한 토대이자 건강한 사회를 지탱하는 핵심 동력입니다. 이는 고금을 막론하고 모든 사회인이 갖춰야 할 중요한 덕목으로, 우리의 삶과 리더십에 깊은 울림을 선사합니다.

'겸(謙)'의 심오한 의미와 관계의 확장

한자 '겸(謙)'은 그 자체로 깊은 통찰을 담고 있습니다. 자신을 낮추는 자세와 더불어, '타인을 포용한''는 뜻의 '겸(謙)'과 '공손히 말한다'는 뜻의 언(言)이 결합된 형태는 겸손이 곧 관계 속에서 발현되는 구체적인 행동 양식임을 명확히 보여줍니다.

개인은 이 겸손의 태도를 통해 타인의 의견을 열린 마음으로 경청하고 진심으로 존중하게 됩니다. 이는 상대방에게 심리적 안정감을 주어 불필요한 오해나 갈등을 사전에 방지하고, 상호 간의 깊은 신뢰를 쌓는 첫걸음이 됩니다. 진정한 경청은 단순한 듣기가 아니라, 상대방의 존재와 가치를 인정하는 행위이기 때문입니다.

謙

자신을 낮춘다는 것은 나약함을 의미하는 것이 아니라, 스스로의 부족함을 인지하고 끊임없이 배우려는 자세를 의미합니다.

이러한 겸손함은 개인을 정체시키지 않고, 타인의 지혜와 경험을 흡수하여 지속 가능한 성장을 가능하게 합니다.

특히, 타인을 이끌고 섬겨야 할 정치인이나 리더에게 겸손은 단순한 선택이 아닌, 지위를 보전하고 만인을 아우르는 힘이 됩니다.

권력과 지위는 자칫 교만을 낳기 쉽습니다. 겸손은 리더가 스스로를 과신하는 교만을 경계하게 하고, 끊임없이 자신의 결정과 행보를 냉철하게 돌아보게 하는 자기 성찰의 거울 역할을 합니다. 이로써 리더는 오류를 줄이고, 민심을 잃지 않는 지혜를 얻습니다.

진정한 겸손만이 다양한 가치관과 이해관계를 가진 만인을 아우르는 포용적인 리더십을 발휘할 수 있습니다. 자신을 내려놓을 때, 비로소 공동체의 목소리가 온전히 들리며, 구성원들은 리더에게 진정한 존경과 헌신을 표하게 됩니다. 이는 리더십의 가장 단단하고 지속적인 기반이 됩니다.

'늘 자신을 돌아보는 겸허함'은 시대를 초월하는 인류의 교훈입니다. 겸손은 곧 타인을 향한 따뜻한 시선이며, 성공의 싹을 틔우는 단단하고 비옥한 토양입니다.

이 겸손의 미덕을 삶의 근간으로 삼을 때, 개인은 더욱 풍요로운 관계를 맺고, 리더는 더 깊은 신뢰를 얻으며, 우리 사회는 더욱 조화롭고 성숙한 공동체로 거듭날 수 있을 것입니다.

만추(晩秋)의 서사(敍事)

낙엽은 지는 것이 아니라
하늘을 나는 마지막 비상이었네

황금빛 그리움 한아름 안고
바람의 등에 밀려 석양으로 잠기네

국화향 짙은 햇살 아래
감사의 마음 풍요롭게 익어가고

서늘한 바람결 속에서
노랗게 불타오르는 은행잎처럼

가슴가득 채우는 충만으로
시월은 소멸하면서 지순하게
마음 비운다

만추(晩秋)

- 고독과 성숙

낙엽은 지는 것이 아니었다
빛과 색을 벗어던지며
가벼이 나는 마지막 비상

노을빛 단풍 속
조용히 이별을 준비하는 시월
황금빛 그리움 한 줌 안고
바람의 등을 타고 저문다

시월은 우리에게
잃어가는 법을 가르치며
성숙의 깊이를 익히게 한다
햇살이 머물다 간 벚잎처럼
그리운 이름 하나를
고요히 삭이는 시간

가장 찬란한 순간에

등을 보이는 애틋함
그 고독 속에서
우리는 조금 더 깊어진다

그러나 만추의 끝은
슬픔으로만 닫히지 않는다
국화 향 짙은 햇살 아래
감사의 마음이 익어가고

서늘한 바람 속
노랗게 타오른 은행잎처럼
상처는 투명한 위로가 된다

사랑한다는 말 대신
잘 익은 석류 하나 건네며
말 없는 충만으로 채워지는 시월의 끝

만추는 소멸이 아니라
새 희망을 품기 위한
가장 아름다운 비움이다

돌고 도는 우리 인생

1절
시냇물은 흘러흘러 바다로 가듯
잠시 머문 그 자리도 다시 돌아오네
물레방아 빙글빙글 쉬지 않고 돌 듯이
우리네 인생길도 끝없이 이어가네

(후렴)
돌고 도는 우리 인생사
만남과 이별, 웃음과 눈물 모두 안고서
세월 따라 주름져도 마음은 그대로
몸은 늙어가도 영혼은 젊다네

2절
꿈결 같던 푸르른 그 어린 시절 지나
어느덧 인생길에 노을빛이 물드네
희끗한 머리칼에 세월이 내려앉아도
가슴 속의 열정만은 식지 않으리

(후렴)
돌고 도는 우리 인생사
만남과 이별, 웃음과 눈물 모두 안고서
세월 따라 주름져도 마음은 그대로
몸은 늙어가도 영혼은 젊다네

3절
가야 할 길 정해져도 두려움은 없노라
마음먹기 달린 것이 인생이 아니던가
웃으면 복이 오고 노래하면 청춘이니
오늘 하루 즐겁게, 빛나는 마음으로

(후렴)
돌고 도는 우리 인생사
만남과 이별, 웃음과 눈물 모두 안고서
세월 따라 주름져도 마음은 그대로
몸은 늙어가도 영혼은 젊다네

(아웃트로)
돌고 도는 우리 인생, 아름다운 순환이여
젊은 마음 그대로 다시 또 돌아가네
라라라 라라라 라라라 라라라
영혼은 젊다네!

'미래 식탁 혁명' 배양육 시대

최근 줄기세포를 활용한 의료 및 미용 분야의 발전과 함께 '배양육(Cultured Meat)'이 미래 식량난을 해결할 대안으로 급부상하며 식탁의 혁명을 예고하고 있다. 이는 전통적인 축산업의 판도를 뒤흔들 중대한 변화로 주목받고 있다.

배양육은 동물에서 소량 채취한 줄기세포를 배양액을 이용해 증식시켜 만든 실제 동물의 근육 조직, 즉 '고기'를 의미한다. 콩고기 등 식물성 대체육과 달리, 배양육은 동물 세포로 만들어지기 때문에 기존 육류와 맛, 식감, 영양성분이 매우 유사하거나 사실상 동일하다는 점에서 큰 경쟁력을 가진다. 이에 따라 배양육 시대가 본격화될 경우 기존 축산업의 붕괴가 가속화될 수 있다는 전망이 나온다.

현재 배양육은 상용화 초기 단계에 있다. 싱가포르와 미국 등 일부 국가에서는 이미 배양육 제품(주로 닭고기 등)의 판매를 승인하고 시판을 시작하며 시장을 선도하고 있다. 초기에는 매우 높았던 생산 비용이 연구 개발을 통해 점차 낮아지고 있으며, 다진 고기

형태를 넘어 실제 스테이크처럼 두껍고 복잡한 구조의 고기를 구현하기 위한 3D 프린팅 등 첨단 기술 개발도 활발히 진행 중이다.

다만, 여전히 전통 육류에 비해 생산 단가가 높은 편이며, 특히 세포 성장에 필수적인 '배양액'의 비용 절감은 상용화를 위한 가장 큰 숙제로 남아있다.

배양육은 환경적인 측면에서도 큰 이점을 제공한다. 가축 전염병이나 살모넬라균, 대장균 등의 식중독균 위험을 크게 낮출 수 있다. 또한, 동물을 도축하지 않고도 고기를 얻을 수 있어 동물 복지 및 윤리적인 측면에서 긍정적이며, 세포를 단 한 번만 채취하면 지속적인 배양이 가능하다는 효율성도 갖췄다.

일부 소비자들 사이에서는 '기업에서 만든 고기'라는 인식 때문에 거부감이 있을 수 있으나, 배양육은 인류의 지속 가능한 먹거리를 위한 중요한 대안으로 자리매김할 것으로 기대를 모으고 있다. 생산 효율성과 환경적 윤리적 이점을 바탕으로, 배양육은 미래 식탁의 주요한 부분을 차지하며 새로운 시대를 열어갈 전망이다.

한글날 찬양

나랏말싸미 듕귁에 달아
백성들의 염원이 하늘에 닿으니
세종대왕 깊은 뜻 펼쳐
새로운 스물여덟 글자를 만드시었네
훈민정음! 이 고마운 글자여

한민족의 눈을 뜨게하여
지혜로움을 담아준 훈민정음
누구나 배워 쓸 수 있는 배려의 정신
문화창달의 길이 활짝 열리고
억눌렸던 마음의 소리가 터져 나오니
이는 곧 백성 향한 사랑의 꽃이 피어 남으리

민족의 얼이 글자에 배어
나라의 명예를 온 세상에 떨치고
역사의 혼을 오롯이 담아내어
지키고 발전시킨 문화의 뿌리가 되었네

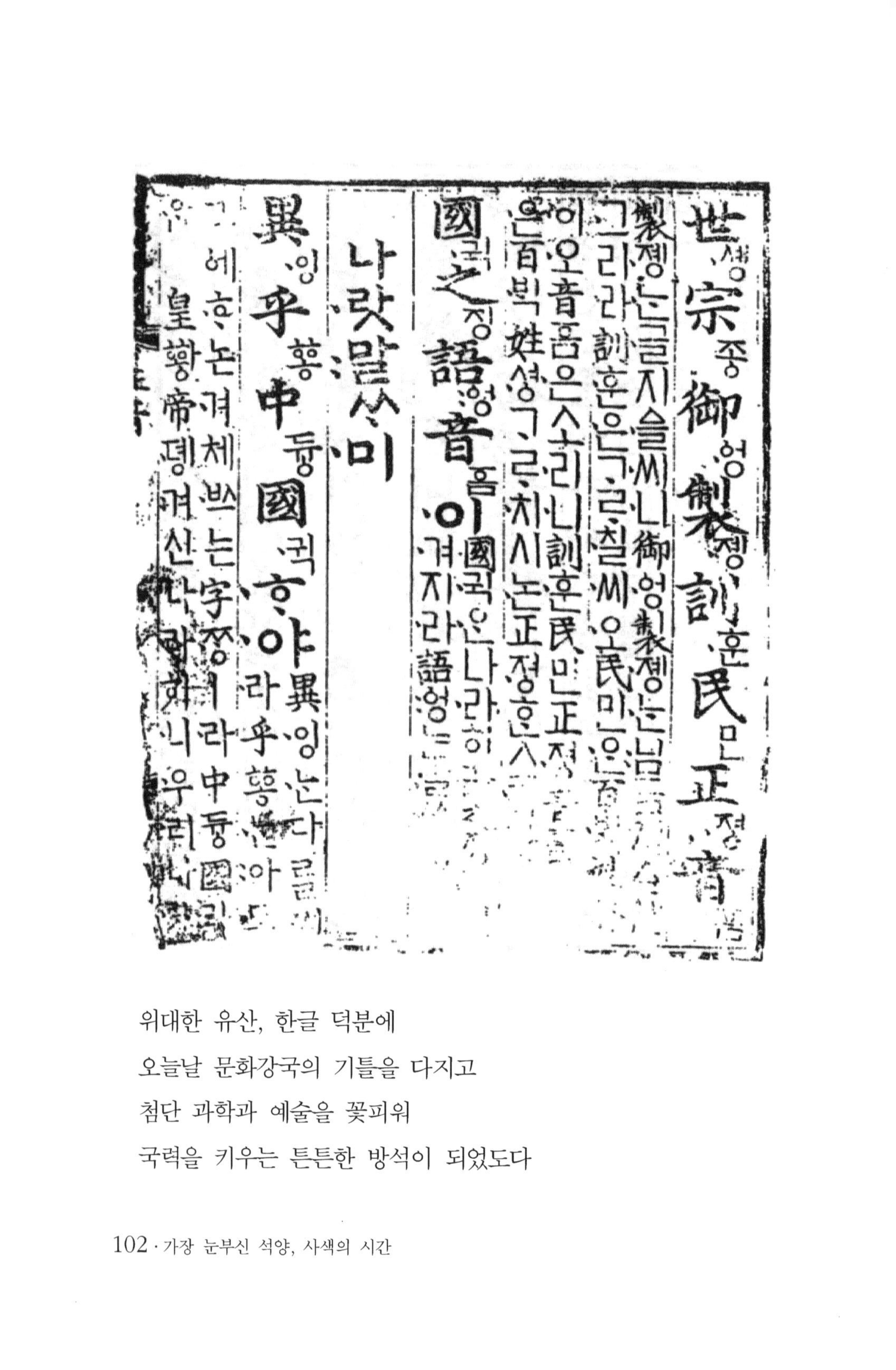

위대한 유산, 한글 덕분에
오늘날 문화강국의 기틀을 다지고
첨단 과학과 예술을 꽃피워
국력을 키우는 튼튼한 방석이 되었도다

한글날 맞이하여 다시금 머리 숙여
세종대왕님의 깊은 은혜를 찬양하나니
이 빛나는 글자
영원히 지키고 빛내어
온누리에 자랑
길이 남으리

절기상 한로(寒露)

찬 이슬 내렸으니
공기마저 서늘하여
풀잎 끝에 옥구슬 영롱하다

높아진 하늘은푸르고
저 멀리 기러기 떼
강남 가는 길목에서 울음 섞네

들녘은 온통 황금빛 물결
가을걷이 바쁜 농부의 뒷모습
허리 굽혀 거두는 풍년의 결실

밤사이 싸늘해진 창가에
국화꽃 향기 홀로 피어나
찬 기운을 막아선다

제3부
청렴의 가치

속도(Speed)의 비교

생물종중 육상생물에서는 치타(Cheetah)가 시속 110km로 가장 빠르며, 해상생물에서는 돛새치(Sailfish) 시속 108-112km로 가장 빠르다고 알려져 있다.

조류(鳥類) 중 송골매(Peregrine Falcon)는 시속 320-563km 사냥을 위해 급강하할 때 지구상 모든 동물 중 가장 빠른 속도를 낸다고 알려져 있다.

한국의 여객선 중 가장 빠른 선박은포항 ↔ 울릉 항로에 취항하는 초쾌속 여객선 '엘도라도 익스프레스호'가 시운전에서 최대 시속 93km가 기록이며, 이는 현존하는 국내 여객선 중에서 가장 빠른 속도이다.

극초음속의 속도는 마하 5이상을 뜻하며, 시속 약 6,100km라고 한다.

극초음속 무기 중 현존한다는 마하 10의 무기가 가장 빠르다고는

하나 빛의 속도와는 비교가 안 된다.

최근 급 부상하고 있는 레이저무기는 빛의 속도(초속 약 30만km)와 동일 속도로 발사되어 이 기술이 발전하여 사거리가 충분히 확보 된다면, 현존하는 대부분의 무기 체계를 무력화시키고 군사기술의 패러다임(핵무기개발을 건너뛴 레이져무기)을 바꿀 잠재력을 가지고 있다고 생각된다.

필부유책(匹夫有責)

모든 것이 너무 빠릅니다. 현대 사회는 미사일, 컴퓨터처럼 모든 분야가 '속도전'처럼 빠르게 변하고 있습니다. 하지만 이 빠른 발전 뒤에는 신중함이 부족해서 걱정이 됩니다.

'밥도 뜸을 들여야 맛있다'고 하듯이 국민이 충분히 공감하고 깊이 생각할 시간도 없이 법을 전광석화처럼 너무 빨리 만들거나 바꿉니다. 이렇게 급하게 처리하는 졸속입법은 큰 문제입니다. 법을 만들 때 신중하지 않은 것은 곧 법을 가볍게 여기는 풍조 때문입니다.

특히 힘을 가진 사람들이 법을 무시하거나, 불법적인 일을 저지르는 것이 문제입니다. 최고위층이나 정치인들이 공공의 이익보다 자기 이익이나 자기 편의 이익을 먼저 생각하고 행동하는 일이 많습니다.

잘못으로 유죄를 받고 교도소에 다녀 와도 진심으로 사죄하는 정치인을 보기 어렵습니다. 이런 모습이 사회 전체의 신뢰를 무너뜨립니다.

국가의 지도자를 뽑을 때, 겉으로 보이는 능력이나 이미지에만 의존했을 뿐, 그 사람의 도덕성, 가족의 투명성 등을 철저히 검증하지 못한 책임이 국민에게도 있습니다.

후보자가 당선된 후 부패의 징후를 보고도 무관심하거나 너무 관대하게 넘어가 버렸습니다.

뇌물 등을 막기 위한 각종 제도(예 : 고위공직자 재산등록)가 부족해도 개선하려는 관심이 낮습니다.

권력자의 부정을 묵인하거나 용인하는 집단적인 도덕 불감증이 사회에 퍼진 것 역시 국민 다수의 의식 수준에 책임이 있습니다.

최근 국회에서 보이는 저속하고 오만한 태도는 다음 선거에서 국민의 투표로 심판해야 마땅합니다.

국회의원이 자기 자녀의 결혼 청첩장을 산하기관에 돌리고 결혼식날 축의금을 거두기 위해 카드결재 단말기를 설치해서 축재해도 아무렇지 않게 행동하는 무리들, 정치에 대해 비웃거나 무관심할 것이 아니라, 적극적으로 감시하고 참여하는 것만이 부패를 막고 신뢰를 되찾는 길입니다.

모두에게 책임이 있습니다. 나라가 잘되거나 망하는 책임은 결국 평범한 국민 한 사람, 한 사람에게도 있다는 '필부유책(匹夫有責)'의 정신을 잊지 말아야 합니다.

결론적으로, 사회의 신뢰가 무너지면 나라는 망하게 된다는 사실이며, 도법자연(道法自然 : 사람은 땅과 자연을 본받는다는 뜻)을 거스르면 탈이 난다는 것을 명심해야 합니다.

자기 자랑 '나 때'

자기 자랑을 자주하는 사람들을 '자기발전'한다고 했는데, 요즘은 '나 때'라는 단어를 주로 사용한다.

기성세대가 자신의 경험이나 과거의 업적을 언급하며 현재의 상황이나 젊은 세대의 행동을 평가하거나 훈계할 때 사용하는 표현, 즉 '내가 왕년에 어떠했다'는 자기 자랑을 나타내는 데서 파생된 것이다.

이 표현은 종종 '나 때는 말이야'라는 유행어로도 풍자되곤 하는데 자주사용하게 되면 팔불출이란다.

자신을 자랑하기 위해 '나 때'를 사용하는 문장들을 몇 가지 상황별로 만들어 보자.

"나 때는 말이야, 저 정도 힘든 일은 밤샘 3일로 끝냈어. 요즘 친구들은 칼퇴하려 하니 저 정도 성과도 못 내는 거야."

"요즘 세상 편해진 줄 알아. 나 때는 교통도 안 좋고, 냉난방도 안 되는 열악한 환경에서 일했어. 맨몸으로 부딪혀서 여기까지 온 거야."

"나 때는 굶는 건 기본이었어. 한 끼에 라면 하나로 버티면서 꿈을 좇았지. 그렇게 독하게 살았으니 지금 흔들리지 않는 거지."

이런 문장들은 과거의 경험을 바탕으로 현재의 자신이 얼마나 대단하고 노력형이었는지를 강조하는 방식으로 사용하는데 모임에서 자주 이런 행동을 하면 눈총받는다.

일상생활에서 우리가 철석같이 믿고 있지만 사실은 잘못 알려진 상식들이 꽤 많다.

흔히 잘못 알려진 상식들

1. 휴대전화 배터리는 완전히 방전시킨 후 충전해야 수명이 오래 간다? (X)

진실은 과거의 '니켈-카드뮴 전지'에 해당하던 이야기이다. 이 전지들은 완전히 방전시키지 않고 충전하면 실제 용량이 줄어드는 '메모리 효과'가 있었다.

요즘은 널리 쓰이는 '리튬-이온 배터리'는 메모리 효과가 거의 없으므로, 수시로 충전해주는 것이 오히려 배터리 수명 관리에 더 좋다고 한다. 0%까지 방치하는 것보다 20%~80% 사이를 유지하는 것이 좋다고 한다.

2. 약은 반드시 식후 30분에 먹어야 한다? (X)

진실은 약의 효과를 높이고 부작용을 줄이려면 규칙적인 복용이 가장 중요하다. '식후 30분'이라는 기준은 사람들이 식사를 기점으로 약 복용을 잊지 않게 하려는 목적이 크다.

최근 의료계에서는 환자가 시간을 맞추려다 오히려 복용을 거르는 부작용 때문에 식사 직후로 기준을 변경하는 경우가 많아졌다. 약 복용 시간은 의사의 지시나 약사의 지시를 따르는 것이 가장 정확하겠죠.

3. 코피가 날 때 고개를 뒤로 젖혀야 한다? (X)

진실은 코피가 날 때 고개를 뒤로 젖히면 피가 목으로 넘어가 기도를 막거나 위를 자극하여 구토를 유발할 수 있고, 피가 얼마나 나는지 확인하기 어려웠다. 올바른 방법은 고개를 약간 앞으로 숙이고, 콧방울(코뼈 아래의 말랑한 부분)을 엄지와 검지로 5-10분 정도 지긋이 눌러 지혈하는 것이 좋다.

4. 어두운 곳에서 책을 읽으면 시력이 영구적으로 나빠진다? (X)

진실은 어두운 곳에서 책을 읽으면 눈의 피로도가 높아져 시력이 일시적으로 저하될 수 있지만, 영구적인 시력 저하로 이어질 가능성은 낮다고 한다. 다만, 주의할 점은 스마트폰과 같은 전자기기를 어두운 곳에서 지나치게 오래 사용하면 디스플레이의 강한 빛과 전자파 때문에 영구적인 시력 저하에 영향을 줄 수 있어 주의해야 한다고 권고하고 있다.

5. 소화가 안 될 때 탄산음료를 마시면 도움이 된다? (X)

진실은 탄산음료를 마시고 트림을 하면 일시적으로 속이 시원하게 느껴질 수 있지만, 이는 단순한 탄산에 의한 일시적 현상일 뿐 소화 작용을 돕는 것이 아니다. 문제점은 탄산음료는 식도와 위를 연결하는 괄약근의 기능을 약화시키고 위산 역류를 일으켜 오히려 소화를 방해하고 위 건강을 해칠 수 있다. 소화가 잘 안될 때는 매실 액기스나 허브차 등을 마시는 것이 더 안전하다고 한다.

우리 민족의 최대 명절 추석

"더도 말고 덜도 말고 한가위만 같아라."라는 말이 있을 정도로, 추석은 우리 민족 최대의 명절이자 풍요와 감사의 의미가 담긴 날입니다.

추석의 의미는 가을 저녁이라는 뜻으로, 음력 8월 15일 보름달이 뜨는 가을의 밝고 좋은 저녁을 뜻하며, 중추절 또는 중추가절(仲秋佳節)이라고도 부르는데, 이는 가을을 초추(음력 7월), 중추(음력 8월), 종추(음력 9월) 세 달로 나누었을 때, 8월이 가을의 한가운데이기 때문에 붙여진 이름이라고 한다.

한가위는 추석의 순우리말입니다. '크다'라는 뜻의 한과 '가운데'라는 뜻의 가위가 합쳐진 말로, '8월의 한가운데에 있는 큰 날' 또는 '가을의 가운데에 있는 큰 명절'을 뜻한다.

추석은 농사를 중요하게 여겼던 고대 사회에서 한 해 농사를 마무리하고 햇곡식을 수확하는 시기에, 그 풍성함에 감사하고 조상에게 예를 올리는 제천의식에서 비롯되었다는 이야기가 있다.

신라 시대부터 전해 내려온 유구한 역사를 지니며, 농경 문화의 전통과 가족의 화합을 중요시하는 우리 민족의 정서가 깊이 담겨 있는 추석명절을 가족과 함께기쁘고 행복하게 보내시기 바랍니다.

KBS 아침마당 10,000회 방송을 축하하며!

KBS '아침마당'
아침이 문을 여는 시간
KBS 1TV에 불이 켜지면
30여 년 세월의 마당이 펼쳐진다
평범한 이웃들의 진솔한 삶이
웃음과 눈물로 버무려지는 곳
매일 아침 8시 25분
창문으로 스미는 햇살처럼
익숙하고 정겨운 목소리들
가족 이야기, 부부의 고민
세상 사는 이야기들이 소곤거린다
가슴 시린 감동의 주인공들이 서고
'도전! 꿈의 무대'에선 희망을 노래한다
가수, 명사, 그리고 우리 엄마 아빠의 얼굴
무대 위 빛나는 재능과 용기는
삶의 무게를 잠시 내려놓게 한다
따스한 소통의 밥상, 아침마당

서로 다른 삶들이 한데 모여
공감과 위로를 주고받는 광장
일상의 소중함을 되새기며
오늘도 힘차게 하루를 시작한다
오래도록 변치 않는 친구처럼
희로애락을 함께하는 동반자여
내일 또 만나요, 아침마당!

노루궁뎅이버섯과 지네

가을철 새벽 운동으로 천보산(天寶山)을 산책하는데 오늘은 건강도 챙기고, 횡재를 해서 기분이 매우 업되었다.

새벽운동은 공복 상태에서 유산소 운동을 하게되면 체내에 저장된 지방을 에너지원으로사용하게 되어 다이어트에 도움이 되고, 도파민 등 뇌활동의 좋은 물질을 활성화하여 집중력을 높이는데 효과가 있다고 한다.

고혈압과 심장 질환이 있는 사람은 새벽운동을 피하라 하며, 당뇨 환자가 공복 상태로 새벽 운동을 하면 저혈당이 올 위험이 있으므로 새벽운동을 삼가해야 한다고 한다.

새벽산행은 안전한보행을 위해 사방주시가 어려운데 운좋게도 참나무에 기생하고 있는 노루궁뎅이버섯이 눈에 들어와서 따려고 하니 버섯 아래 난생 처음보는 한 뼘 정도하는 큰지네가 똬리를 틀고 었다. 겁이은 났지만 지네를 쫓아내고 버섯만 수확했다.

이 버섯을 중국에서는 원숭이 머리와 비슷하다고 하여 '후두고(猴头菇)'라고 불리는데 중국 4대 진미 중 하나로 꼽기도 한다.

노루궁뎅이버섯은 최근 그 효능으로 신경 보호 및 기억력, 인지 기능 향상에 도움을 줄 수 있어서 치매 예방 등 뇌 기능 강화에 좋다고 한다. 위궤양과 역류성 식도염 등 위 및 장 건강 개선에도 도움을 준다고 한다.

이 버섯은 생으로 먹거나 볶아먹기도 하는데 불고기에 넣어 먹으면 궁합이 맞는다.

지네는 옛날 초가지붕에 서식해서 집에서 종종 볼수 있었지만성질이 따듯하고 독이 있어서기피대상으로 인식했다. 한약재로 사용되어 왔으며, 지네를 오공(蜈蚣)이라고 하였고, 높힌 이름으로 천룡(天龍)이라 불리기도 하였고 붉은 다리라는 뜻으로 홍족(紅足)이라고도 불린다.

지네는 관절염, 신경통 등 통증완화에 사용되어 왔으며 어혈(瘀血, 나쁜 피가 뭉친 것)을 풀어주는 효능이 있어, 염좌(삐었을 때) 등으로 인한 요통에 특히 효과가 좋다고 알려져 있다. 경련 및 신경 질환과 안면 근육 떨림 등의 증상에도 활용되고 있고 해독(어독, 뱀독, 봉독 등)을 해소하는 작용이 있다.

10월을 맞이하면서

아침저녁으로는 청량하고 서늘한 바람이 불어와 가을의 정취를 물씬 느끼게 해줍니다. 마치 묵은 때를 씻어주는 듯한 시원함이죠. 그리고 가장 눈에 띄는 건 뭐니 뭐니 해도 단풍의 시작!

산과 들이 알록달록한 색깔로 물들기 시작하며 가을의 아름다움을 절정으로 보여줍니다. 맑고 높은 청명한 하늘과 대비되어 더욱 그림 같은 풍경을 선사하는 느낌입니다.

여행을 떠나기 가장 좋은 계절, 쾌적한 날씨 덕분에 야외 활동이나 산책, 트레킹 등을 즐기기도 안성맞춤이죠.

가을의 짙어지는 분위기 속에서 사색에 잠기거나 조금 감성적으로 지나간 일들을 돌아 보는 여유, 괜스레 마음이 울적해지는 '가을 타다'는 느낌을 받는 계절(季節)입니다.

공돌이의 추억이야기

공직생활 시작하던 빈궁기에 어렵고 힘든 시기였지만, 그래도 왠지 모르게 따뜻함이 느껴지는 아련한 추억이 떠올라 그 시절로 돌아가 본다.

높은 언덕에 옹기종기 모여 있던 달동네는 가난의 상징이었고, 가파른 골목을 따라 다닥다닥 붙어 있는 판잣집들은 언제 무너질지 모르는 위태로운 모습이었지만, 그 안에는 끈끈한 정이 있었다. 한겨울 추위를 이기기 위해 공동 우물과 공동 수도에서 물을 길어 쓰고, 연탄을 함께 나르며 서로를 보살폈다.

'연탄가스를 조심하라'는 지인들의 당부와 함께 피어오르던 희뿌연 연기는 춥고 고단한 삶 속에서도 따뜻한 온기를 나누던 이웃들의 모습을 떠올리게 한다.

춘궁기(春窮期)라고 불리던 보릿고개는 수확이 없어 식량이 가장 부족했던 시기이다. 풀뿌리와 나무껍질로 허기를 달래야 했던 시절, 쌀밥 한 공기는 생일이거나 귀한 손님에게만 내어주던 귀한 음식이었다.

밥을 먹는 사람은 드물었고, 가족들이 둘러앉아 수제비나 옥수수죽을 나눠 먹는 것이 일상이었으며, 밥 한 톨이라도 밥그릇에 남기면 큰일 나는 줄 알았고, 누군가에게 밥을 나눠주는 행위는 그 어떤 물질적인 것보다 더 큰 마음을 전달하는 것이었다.

동네 어귀의 엿장사가 고물과 엿 맞바꾸어 먹던 시절, 고물상은 버려진 물건들에게 새로운 가치를 부여하는 곳이었다. 낡은 냄비, 고철 덩어리, 찌그러진 양동이 등 쓸모없어 보이던 물건들이 고물상에 모여 돈이 되었다. 또한, 거리에서 리어카를 끌고 다니며 폐지를 줍는 노인들의 모습은 생계를 위해 묵묵히 고단한 삶을 감당하던 우리 부모님 세대의 모습을 보여 준다. 낡고 찌든 손으로 폐지를 줍는 모습은 우리 사회의 아픈 단면이기도 했지만, 동시에 치열한 삶의 의지를 보여주는 가슴 아픈 풍경이기도 했다.

쌀은 백미(白米)이고, 좁쌀은 한자어로 '소미(小米)' 또는 '속미(粟米)'라고 불린다. '소미'는 '작은 쌀'이라는 뜻이고, '속미'는 '좁쌀 속(粟)'이라는 글자를 사용해 좁쌀을 의미한다.

쌀이 주식으로 여겨져 정곡(精穀)이라 불린 반면, 보리, 밀, 조, 콩 등은 잡곡(雜穀)으로 분류되었다.

홍미롭게도, 현재 좁쌀은 쌀보다 훨씬 비싸다. 쌀이 대규모로 재배되는 데 비해 좁쌀은 소규모로 생산되고, 건강식품으로 인기가 높아지면서 희소성이 높아 져서 금년 수확기를 기준으로 1kg당 가격을 비교하면, 쌀은 3,000원대인 반면, 국산 좁쌀은 12,000-18,000원대, 수입산도 4,000-5,000원대로 쌀보다 비싼 곡식이 되었다.

과거에는 '이밥에 고깃국'이 부유함의 상징이었을만큼, 하얀 쌀밥은 귀(貴)했으며, 서민들은 주로 보리나 조 같은 잡곡으로 배를 채웠고, 노르스름한 조밥은 가난했던 시절의 상징 음식이었다.

하지만 쌀밥이 흔해진 현재는 오히려 조밥이 '웰빙식'으로 귀한 대접을 받으며, 주식이었던 쌀보다 더 비싸게 팔리는 현상이 나타났다. 이는 식량이 풍족해지면서 과거의 가난함을 상징했던 음식이 이제는 건강을 위한 특별한 음식이된 주객전도 (主客顚倒)의 상황을 보여 준다. 조밥은 단순한 음식을 넘어, 우리 삶의 역사와 추억을 담고 있는 상징이 되었다.

1970년대 공직을 시작했을때 미곡증산정책과 통일벼 보급확대로 인해 양곡 소비 패턴이 크게 변화하였음이 기억난다. 칠분도미(七分搗米) 정책으로 정미소와 양곡상의 칠분도미 초과 도정된 쌀을 취급하지 못하게 하는 등 반 강제적인 쌀 자급자족을 달성하게 만들면서 쌀 소비가 줄어든 대신 밀가루 소비량이 폭발적으로 증가했

다. 라면, 국수 등 밀가루 음식이 대중화된 것이 주요 원인이었다. 보리와 조 같은 잡곡은 쌀 대체재로 사용되었지만, 밀가루 소비 증가세에 비하면 상대적으로 미미했다.

결론적으로, 1970년대는 쌀 중심이었던 식생활이 쌀과 밀가루를 혼합해 소비하는 과도기였으며, 이는 현재의 다양한 식습관으로 이어지는 중요한 변화의 시작으로 지금은 세계인의 입맛을 선도하는 정상국가의 반열에 올라섰다.

청렴의 가치

요즘 권력층의 부패 스캔들이 연일 매스컴을 달구고 있다. 특이한 것은 일반 서민층은 본인의 범죄를 인정하고 뉘우치는 행동을 보이는데 권력의 맛을 본 사람들은 끝까지 본인의 죄과를 부정하고, 법원의 최종심까지 확정을 받아 형기를 마치고도 억울하게 옥살이를 했다고 강변한다. 수치를 모르는 인간들의 단면을 보면서 은근히 부화가 인다.

뇌물로 수수되는 금액은 법적 양형 기준은 '특정범죄 가중처벌 등에 관한 법률'에서 3,000만 원 이상 처벌된다. 1억 원 이상은 무기 또는 10년 이상의 징역으로 뇌물수수의 경우, 금액에 따라 유형을 나누고 있다.

국회의원 등 고위 공직자나 사회 지도층 인사의 뇌물 사건에서는 수천만 원을 넘어서 수억 원, 또는 그 이상의 수십억 원 단위의 뇌물 사건이 보도되곤 하는데 결론적으로, 권력층은 '기준액'은 없지만 3,000만 원 이상이면 문제가 발생된다고 할 수 있다.

당장의 이익과 눈앞의 화려함에 가려져 보이지 않던 청렴의 가치가 결국은 가장 오래 지속되고 행복의 뿌리가 됨을 느끼게 된다.

부패로 얻은 권력과 부(富)는 순간적인 쾌락과 만족을 줄지는 모르지만, 그 이면에는 불안, 죄책감, 그리고 언제 무너질지 모르는 위태로움이 늘 도사리고 있다. 정당하지 않은 방법으로 얻은 이익은 결국 자신의 내면을 갉아먹고, 반면, 청렴은 당장의 쾌락이 아닌, 오래도록 지속될 수 있는 삶의 만족을 선사한다.

다산 정약용 선생이 청렴을 "모든 착함의 근원이요 모든 덕의 뿌리"라고 강조했듯이, 청렴한 사회는 비효율적인 불필요한 비용을 줄이고, 국민 개개인이 공정한 기회를 누리며 모두가 행복해지는 미래를 만든다.

임계점과 비등점

우리 삶에도 '임계점'이 있어요. 바로 "더 이상은 못 참아!"하고 외치는 순간입니다. 물은 100°C가 되어야 끓지만, 사실 그전부터 냄비 속에서는 보글보글, 작은 기포들이 조용히 생겨나고 있죠. 우리 마음도 똑같아요. 사회에 쌓인 불만과 답답함이 작은 기포처럼 모이다가, 어느 순간 뚜껑을 열고 확 넘쳐버리는 것, 그게 바로 민심의 '임계점'입니다.

이 폭발의 순간이 오기까지, 민심이라는 냄비 속에서는 어떤 재료들이 끓고 있을까요?

"월급은 그대로인데, 마트 물가는 왜 자꾸 오르는 거야?"

"아무리 아끼고 모아도 서울에 작은 전셋집 하나 구하기는 하늘의 별 따기네."

높은 물가와 치솟는 집값 앞에서 우리의 노력은 자꾸 허탈해집니다. 열심히 일해도 제자리걸음인 것 같을 때, '이 사회는 나에게 공정한가?'라는 질문이 들죠. 바로 이 경제적인 불안감이 냄비 바닥을 뜨겁게 달구는 가장 강력한 불이 됩니다.

힘들 때 기댈 곳이 정부나 공공기관이라고 믿었는데, 중요한 순간마다 엇나간 정책, 어설픈 대처, 그리고 '나 몰라라'하는 무책임한 모습을 볼 때가 있어요.

"나라가 이래도 되나?"하는 순간, 마음속에 굳게 세워졌던 믿음의 탑이 와르르 무너지는 기분이죠. 신뢰가 깨진 자리는 실망감으로 채워집니다.

힘 있는 사람들의 '내로남불' 기사나, 왠지 모르게 나에게만 불리하게 돌아가는 시스템을 볼 때, 우리의 분노는 순식간에 끓어오릅니다.

"빽 있는 사람은 법도 피해 가네."
"나만 바보처럼 FM대로 사는 건가?"

교육, 의료, 법 집행 등 당연히 공정해야 할 시스템이 '우리 편'에게만 유리하게 돌아간다고 느낄 때, 정의에 대한 기대는 사라지고, 억울함이 부글부글 끓어오릅니다.

한두 가지 불편함은 참고 넘길 수 있어요. 하지만 이런 '씁쓸한 맛'들이 매일매일 쌓이고, 노력해도 변하지 않는 현실, 즉 '양극화의 골'이 자꾸 깊어질 때, 우리의 개인적인 불만은 사회 전체를 향한 불신으로 폭발적으로 증폭됩니다. 때로는 사람들이 상상도 못할 극단적인 일탈이 터져 나오기도 하는데, 이는 사실 부당한 구조에 대한 왜곡된 형태의 '분노의 비명'일 때가 많습니다.

국민 생활과 직결된 중요한 정책이 실패했는데도 '미안하다는 말 한마디 없이' 같은 실수를 반복하면, 민심의 불만은 눈덩이처럼 빠르게 불어납니다.

가장 위험한 순간은, 권력을 가진 이들이 국민의 목소리를 '잔소리'처럼 여기고 귀 기울이지 않으며, 오만한 태도로 국정을 독단적으로 이끌어 간다고 느껴질 때입니다. 이때 사회적 신뢰는 순식간에 차가운 얼음처럼 변해버립니다.

큰 폭발은 갑자기 일어나지 않아요. 우리가 무심코 외면한 작은 균열(작은 불만)들이 모여 스스로 힘을 키워나갈 뿐이죠. 사회가 안정되려면, 무엇보다 '겸손한 소통'이 필요합니다. 국민의 목소리를 작은 불만이라도 가볍게 여기지 않고 "요즘 뭐가 힘드세요?"라고 진심으로 물어보는 자세로 이처럼 국민의 마음을 헤아리고, 작은 불씨를 초기에 잘 달래주는 친절한 소통이야말로 민심이라는 냄비가 넘쳐흐르는 임계점을 막는 가장 따뜻하고 확실한 '안전장치'입니다.

행복한 가정이 빚어내는 보이지 않는 건강

한 연구에 따르면 행복한 가정에서 자란 아이가 50대에 성인병에 걸릴 확률은 7%, 반면 불행한 가정에서 자란 아이는 87%에 이른다고 합니다. 물론 이 숫자가 모든 것을 말해 주는 것은 아닙니다. 인간의 삶은 그보다 훨씬 복잡하고, 건강의 원인 또한 다양합니다.

그러나 이 수치가 우리에게 던지는 메시지는 분명합니다. 행복과 안정은 눈에 보이지 않는 방식으로, 조용히 아이의 평생 건강에 영향을 미친다는 사실입니다.

행복한 집에서 자란 아이들은 대개 마음에 따뜻한 방 한 칸을 품고 자랍니다. 그 안에는 믿음, 안전감, 그리고 자신이 사랑받고 있다는 확신이 자리 잡습니다. 이런 아이들은 만성 스트레스에 오래 노출되지 않습니다.

반대로 불안과 긴장 속에서 자란 아이들은 눈에 보이지 않는 상처를 달고 자라나, 성인이 되어서도 쉽게 마음의 근육이 긴장합니다.

사람의 몸은 정직합니다. 스트레스 호르몬이 오래 과하게 분비되면 고혈압, 당뇨, 심혈관 질환 같은 성인병이 차츰 틈을 엽니다. 그러나 정서적으로 안정된 사람은 스트레스에 흔들리는 정도가 작고, 마음이 다스려지니 생활 습관도 자연스레 건강한 쪽으로 흐릅니다.

가정은 아이의 첫 번째 학교이자 평생의 생활습관을 빚어내는 도가(陶家)입니다. 행복한 가정은 규칙적인 식사, 충분한 수면, 몸을 움직이는 즐거움 같은 일상의 기본을 소중히 생각합니다. 그런 습관들은 세월이 흐르고, 아이가 어른이 되고, 또 중년의 문턱을 넘을 때까지도 그 내면에 뿌리처럼 남아 성인병을 예방하는 든든한 울타리가 됩니다.

그래서 옛 어른들은 "아이 앞에서 부부싸움은 격한 바람보다 더 무섭다"고 했습니다.

어른들의 갈등은 아이 마음에 보이지 않는 균열을 남기기 때문입니다. 한 번 생긴 균열은 자라며 마음의 습관이 되고, 마음의 습관은 결국 몸의 습관이 됩니다.

물론 행복한 가정만이 성인병을 예방하는 절대적 조건은 아닙니다. 그러나 정서적 안정, 스트레스의 완화, 건강한 생활습관의 형성이라는 면에서 행복한 가정은 분명 아이에게 '보이지 않는 예방주

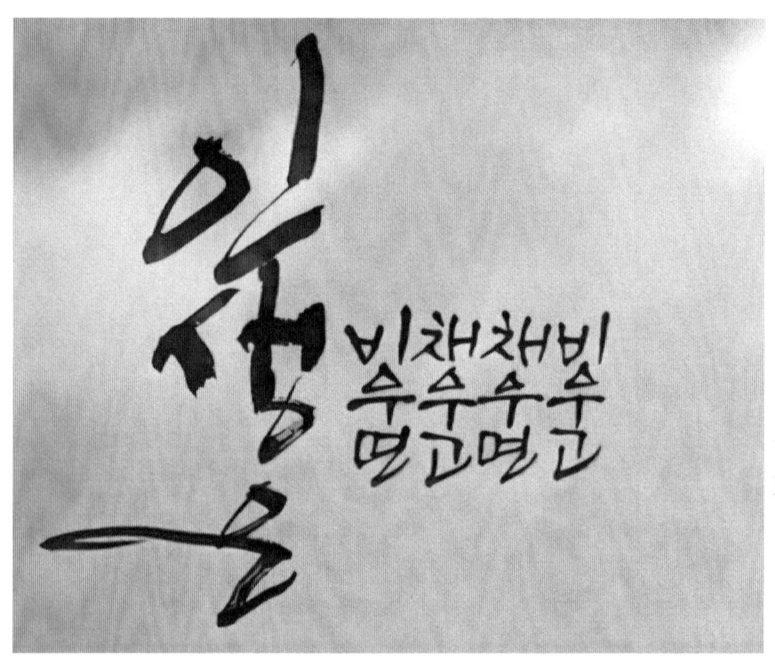

사'가 되어 줍니다.

우리가 오늘 집 안에 조성하는 말투, 표정, 온기, 이 모든 것은 아이의 미래 건강을 조금씩 빚어내는 일입니다. 행복은 작은 일상의 습관 속에서 자라고, 그 습관은 결국 한 인간의 평생을 지켜주는 힘이 됩니다.

영원한 것은 없다

미국 시장에서는 시가총액 1위 기업의 순위가 쉼 없이 바뀌며, 산업환경의 예측이 점점 어려워지고 있습니다.

1960년대 자동차 산업의 강자 GM

70~80년대 PC 문명을 연 IBM

90년대 전자산업의 거인 GE

2000년대의 마이크로소프트

2010년대의 애플

그리고 2025년, 인공지능 반도체를 앞세운 엔비디아가 정점에 오르기까지 세상의 정상은 늘 새로운 주인을 기다립니다. 영원한 왕좌란 없습니다.

이 흐름은 2천 년 전 춘추전국시대에도 다르지 않았습니다.

진시황은 천하를 통일한 뒤 불로불사(不老不死)의 꿈을 품고 만리장성을 쌓으며 영원히 군림하고자 했지만, 결국 그는 자신이 쌓은 거대한 성벽보다 겨우 몇 걸음 앞의 미래도 예측하지 못한 채 풍토병으로 생을 마감했습니다.

인간의 욕망이 아무리 크다 해도, 시간 앞에서는 모두가 겸허해질 수밖에 없습니다.

그래서 더더욱 되새겨지는 진리
영원한 것은 없다

권력도 흥했다가 시들고
부(富)도 모였다가 흩어지며
행복도 지나가고
슬픔도 머물렀다가 조용히 사라집니다

도연명의"유생필유사(有生必有死), 살아 있는 것은 반드시 죽음에 이른다."는 말처럼, 이 단단한 한 문장에서 우리는 존재의 본질과 삶의 정직한 이치를 배웁니다.

그러나 이 사실은 우리를 슬프게 하기 위한 진리가 아닙니다. 오히려 "고통도 영원하지 않다"는 희망을 건네는 위로입니다.

아무리 깊은 상처라도 언젠가 아물고, 아무리 긴 어둠이라도 끝에는 빛이 있습니다. 겨울의 끝에 봄이 오듯, 인생의 모든 순간은 머물 뿐, 붙잡히지 않습니다.

喜 至 福 來

그래서 우리는 변화 앞에 겁내기보다는, 지금 이 순간을 충실히 살아가는 법을 배워야 합니다.

영원하지 않다는 사실은 허무가 아니라, 지금이라는 시간을 더 깊게, 더 뜨겁게 살라는 인생의 메시지입니다.

사라짐을 아는 사람만이, 존재의 아름다움을 더 깊이 이해합니다.

운파월래(雲破月來), 한 조각의 희망

“운파월래(雲破月來)란 구름을 밀어내고 달이 떠오른다.”는 뜻이다.

긴 장마가 계속되면 하늘이 잠시라도 개이기를 간절히 바라듯이, 반대로 청명한 날씨만 끝없이 이어지면 생태계조차 숨을 잃는다.

일부 지역에서 호우 피해로 고생하신 분들께는 미안한 말이지만, 이따금 굵은 소나기라도 쏟아져서 달아오른 대지를 식히고, 숨막히는 더위를 밀어낼 시원한 바람이 불어주면 좋겠다.

주변 사람들을 만나면 “이 더위, 도저히 못 견디겠다”고 모두가 같은 하소연을 한다. 어깨를 늘어뜨린 사람들 사이로 열기만 가득한 공기가 천천히 흐른다.

그럴 때면 문득, 검은 먹구름이 갑자기 갈라지고 그 틈 사이로 은빛 달빛이 쏟아지는 장면이 떠오른다.

雲破月来

구름이 걷히고 밝은 달이 세상을 비추면 마음 한켠의 눅눅한 근심도 말끔히 씻겨 내려가듯 숨이 트이고 마음이 정화된다.

오늘따라 더욱 간절하다.

이 지친 계절의 어둠을 잠시라도 가르는 한 조각 운파월래의 빛이….

국밥을 즐기던 시절

난방이 넉넉지 않던 구옥(舊屋)에 살던 시절이 있었다.

연탄불을 갈아놓고 나면 순식간에 방안의 온기가 빠져나가고, 문풍지 사이로 스며든 바람은 화장대 위 크림조차 살얼음이 어는 냉기로 변했다.

그 바람은 어린 손등을 서슴없이 할퀴어 거칠게 갈라놓고, 작은 핏방울을 톡 하고 맺히게 하곤 했다. 겨울은 몸뿐 아니라 삶의 표정까지도 한층 더 차갑게 만들어 놓던 계절이었다.

그런 날이면 우리는 자연스레 국밥집으로 향했다. 허름한 출입문을 밀고 들어서면, 허옇게 피어오르던 김이 먼저 우리를 맞았다.

오래 삶은 사골의 깊은 향, 뚝배기 가장자리에서 부글부글 끓어오르는 소리, 그리고 그 뜨거움이 얼굴에 닿을 때의 포근한 감각. 그 모든 것이 마치 겨울의 사나운 기운을 잠시나마 누그러뜨리는 작은 온돌 같았다.

아침에 일어나서 고민이
없으면 그것이 행복입니다
Have a good day!

옛사람들이 국밥을 즐겨 찾았던 이유는 단순하면서도 분명했다. 뼛속까지 스며든 추위를 가장 빠르게 녹일 수 있었고, 쫓기듯 살아야 했던 시절에 굳이 오래 씹지 않아도 되는 음식이었기 때문이다.

뜨거운 국물 한 숟가락을 들이키면 그날의 고단함이 잠시라도 잦아들고, 한 그릇을 비우고 나면 다시 살아갈 힘이 조용히 몸속에서 차오르곤 했다. 국밥은 그 시대의 사람들에게 가장 소박하면서도 깊은 위로였다.

돌이켜보면 고생의 기억은 시간이 흐른다고 저절로 사라지지 않는다. 그 잔상은 마음 한켠에 오래 자리하며 때때로 우리를 붙잡는다. 그래서 사람에게는 마음을 청소하는 일이 필요하다.

기쁨과 좋은 기억이 가슴을 가득 채울 때, 힘들었던 기억들은 비로소 조용히 물러난다. 따뜻함이 차가움을 밀어내듯, 다정한 시간이 어두운 시간을 덮어주듯 '국밥을 즐기던 시절'의 기억은 어쩌면 우리 삶을 지탱해온 작은 온기들의 기록인지도 모른다.

살아온 시간 속에서, 그리고 다가올 계절의 문턱에서 그 따뜻한 한 그릇의 기억이 다시 한 번 우리의 마음을 데워주기를 바란다.

티베트의 천장(天葬)

장례 문화는 그 땅의 지리적 환경과 관습이 빚어낸 거울과 같습니다. 화장(火葬), 매장(土葬), 수장(水葬) 등 인간이 육신을 내려놓는 방식은 환경의 지배를 받고, 법과 전통은 이에 따라 제정되는 것이 현실입니다.

유독 티베트 고원에서는 다른 세상의 이야기가 펼쳐집니다. 오랜 유목 생활 속에서 자연 순환의 섭리에 익숙해진 그곳은, 해발 고도가 높고 영구 동토층이 많아 땅이 얼어붙어 매장이 어렵습니다. 나무가 귀한 척박한 땅은 화장의 불꽃마저 허락하기 쉽지 않습니다.

이러한 필연적인 환경 속에서, 티베트인들은 가장 경이롭고 숭고한 장례 방식인 천장(天葬) 문화를 꽃피웠습니다. 이 방식은 시신을 해체하여 독수리에게 보시하는 풍습이기에 일명 조장(鳥葬)이라고도 불립니다.

천장은 단순한 시신 처리를 넘어, 티베트 불교의 심오한 철학이 응축된 '최후의 의식'입니다.

그들은 육신을 영혼이 잠시 머물다 가는 껍데기로 여깁니다. 영혼이 떠난 뒤 남은 육체는 더 이상 집착할 대상이 아닙니다. 이 육신을 독수리에게 기꺼이 내어줌으로써, 망자는 살아있는 생명체에게 베푸는 가장 위대한 자비, 최후의 보시(布施)를 실천합니다.

독수리가 육신을 깨끗이 먹어 치울 때, 사람들은 망자의 영혼이 걸림 없이 하늘로 승천하거나 다음 생을 위해 좋은 곳으로 환생할 수 있다고 믿습니다.

"죽을 때는 빈손으로 돌아간다."는 말이 있습니다. 티베트의 천장 문화는 이 말을 문자 그대로, 그리고 영적으로 완성합니다. 자신의 마지막 남은 살점마저 자연과 타 생명에게 돌려주는 이 행위는, 우리에게 육신과 소유에 대한 모든 욕심을 비우고 살라는 뼈아픈 교훈을 남깁니다.

인간의 마지막 순간이 가장 이타적이고 헌신적인 '공덕'으로 마무리되는 티베트의 천장은, 자연 순환의 숭고한 섭리와 무소유의 철학이 공존하는, 세상에서 가장 아름답고 눈부신 영혼의 귀향 의식입니다.

깊어지는 마음의 미학(美學)

세월은 참으로 정직합니다. 손에 잡으려 해도 잡히지 않고, 잠시 멈추라 간청해도 아랑곳하지 않습니다. 고전의 "세월은 흐르는 물과 같다.(歲月如流水)"는 말처럼 쉼 없이 만물을 적시고 흘러가며, 시간은 화살처럼(光陰如木箭) 허공을 가르며 빠르게 우리 곁을 지나갑니다.

젊음이라는 뜨거운 계절을 지나오며, 저는 이 흘러가는 시간의 강물 속에서 무엇을 놓치고 무엇을 얻었는지 곰곰이 되짚어봅니다. 가장 큰 변화는 바로 '보는 눈'의 확장이었습니다.

어린 날, 세상은 단순했고 미(美)의 기준은 더욱 그러했습니다. 아름다운 얼굴, 완벽한 비율, 사람의 시선을 단번에 사로잡는 외적인 광채야말로 미인의 징표라 믿어 의심치 않았습니다. 만개한 꽃처럼 화려하게 피어난 모습 자체가 미의 전부라 여겼으니, 나의 시야는 그저 찰나의 순간에 머물러 있었던 셈입니다.

그러나 세월이라는 긴 필름을 돌려본 지금, 저의 미적 감각은 뿌리부터 흔들려 완전히 새롭게 정립되었습니다.

우리는 때로 각박하고 퍽퍽한 현실을 마주하며 살아갑니다. 타인의 고통에 무감각해지기 쉽고, 나 하나 건사하기도 버겁다며 스스로 방어막을 치는 세상입니다.

이렇듯 인색해지기 쉬운 삶의 터전에서, 저는 진정으로 빛나는 아름다움의 원천을 발견했습니다. 그것은 바로 '마음이 아름다운 사람'에게서 흘러나오는 은은하고 지속적인 빛이었습니다.

진정한 미인은 외모와 관계없이 마음의 깊이로 초월한 사람입니다. 가진 것을 기꺼이 나누고, 보이지 않는 곳에서 타인을 세워주는 넉넉함, 쉽게 흔들리는 세상의 유행에 휩쓸리지 않고, 자신만의 소신과 선의를 지켜내는 단단한 인품, 누군가의 상처를 단순히 듣고 지나치는 것이 아니라, 진심으로 공감하고 함께 아파할 줄 아는 따뜻한 시선….

이러한 내면의 윤기와 향기는 시간이 흐를수록 오히려 깊어지고 성숙해지는 법입니다. 외적인 아름다움은 햇볕 아래 시들어가는 꽃과 같으나, 마음의 선함과 지혜는 겨울을 이겨내고 이듬해 더욱 풍성하게 피어나는 나무의 뿌리와 같습니다.

결국, 세월이 흘러 나의 눈이 비로소 넓어지고 깊어졌다는 것은, 덧없는 겉모습 대신 영원히 지속되는 영혼의 가치를 꿰뚫어 볼 줄 아는 지혜를 얻었다는 의미일 것입니다.

진짜 미인이란 거친 세상 속에서도 타인에게 기꺼이 위안과 희망을 주는 마음의 아름다움을 가진 사람이며, 그들의 존재 자체가 가장 오래도록 빛나는 숭고한 예술 작품일 것입니다.

미학(美學)에 덧붙이는 시(詩)

묵은 빛
흐르는 세월이 강물 되어
모든 것을 씻어내고

가벼운 잎새들은 떠내려보낼 때
젊음의 정원에서 피었던
화려한 색깔의 꽃잎들은

시간의 강가에 닿아 빛을 잃었네
그러나 모두가 등 돌리고 지나친
세상의 모서리에서

가장 낮고 어두운 곳을 살피는
그 따뜻한 묵은 빛
그 빛은
찬 바람에도 사그라지지 않는
배려의 불씨가 되어

〈

어둠 속에서 홀로 반짝이는
깊은 우물의 별빛이 되어
흐르는 시간의 풍화에도
오히려 더 단단하고 투명하게
영혼의 창을 밝혀내네

아, 이제야 깨닫네
진정한 미는
순간을 태우는 불꽃이 아니라
오랜 세월을 견딘 돌의 무늬 속에
오래도록 삭혀진 마음의 무게라는 것을

歲月如流水

척박함이 빚어낸 생명의 품격

우리는 종종 삶의 시련을 불운이라 여기지만, 가장 귀한 가치는 역경 속에서 빚어진다. 척박한 환경에서 오래 산다는 생명들의 이야기는, 고통이 곧 깊이와 품격을 만든다는 진리를 일깨워준다.

가장 오래 살고 가장 존귀하게 여겨지는 생명체들은 결코 비옥하고 편안한 곳에서 자라지 않았습니다.

산삼(山蔘)을 보십시오. 50년의 인고 끝에 지종(地種)산삼의 가치를 얻고, 백 년의 세월을 오롯이 견뎌내 하늘의 기운을 받은 듯한 천종(天種)산삼의 경지에 이릅니다. 이들은 짧은 시간 내에 비료를 먹고 자란 인삼과는 근본적으로 다른 '생명의 밀도'를 가집니다.

소나무 또한 마찬가지입니다. 단순한 노령이 아닌, 세월의 깊이를 증명하는 이름들이 붙습니다. 수백 년의 세월을 버텨 노송(老松), 고송(古松)이 되며, 500년 이상 모진 풍파를 이겨낸 나무는 마침내 신송(神松)이라 불립니다.

특히 신송은 비옥한 토양이 아닌, 바위와 뒤섞인 척박한 땅에서 뿌리를 내립니다. 수분이 부족하여 몸을 제대로 키우지 못하고, 모진 바람과 한파에 맞서 수형은 뒤틀릴지언정, 그 뒤틀림 속에서 오히려 단단한 생명력을 응축합니다.

우리가 신송의 기품에 경외감을 느끼는 것은, 그 뒤틀린 모습이야말로 굴복하지 않은 역경의 기록이기 때문입니다.

바다 생명에게도 이러한 가치의 과정이 있습니다. 대방어는 성장 단계에 따라 이름이 바뀌는 '출세어(出世魚)'로 불리는데, 이는 곧 성숙의 과정이 가치 상승으로 이어진다는 의미입니다.

갓 태어난 작은 모자코에서 시작해, 거친 파도를 헤치며 충분한 시간과 에너지를 축적한 부리, 즉 가장 오래 성장한 대방어가 최고의 상품 가치를 지니는 것은, 그 크기뿐만 아니라, 오랜 생존의 투쟁이 담겨 있기 때문입니다.

척박한 땅에서 더 단단한 나이테를 만드는 신송처럼, 거친 물살 속에서 더 풍부한 맛과 조직감을 완성하는 부리에게서 우리는 깨닫습니다. 가치는 환경의 풍요가 아닌, 생존을 위한 투쟁의 밀도에서 나온다는 것을 깨닫게 합니다.

당신곁에,
늘 언제나!

골동품이 세월의 흔적과 희소성으로 귀하게 대접받듯, 인간의 삶도 시간이 흐를수록 더욱 깊고 값진 의미를 지녀야 합니다.

우리 인생에서 노인(老人)은 단순히 나이가 듦을 의미하지만, 어르신은 다릅니다. 이는 존경이 담긴 호칭이자, 고난을 이겨낸 지혜와 덕망에 대한 인정입니다.

수많은 희로애락(喜怒哀楽)을 겪으면서도 꺾이거나 무너지지 않고, 그 경험을 타인을 품는 지혜로 승화시킨 사람에게만 '어르신'이라는 품격 있는 이름이 주어집니다.

결국 척박한 환경은 우리를 괴롭히는 시련이 아니라, 생명의 밀도를 높이고 내면의 품격을 다지는 대장간과 같습니다. 신송의 뒤틀린 가지와 어르신의 깊은 눈가에 새겨진 주름은, 고통을 이겨낸 인생의 아름다운 훈장이자, 단단하고 오래가는 가치를 상징하는 것입니다.

우리 또한 척박한 세상을 두려워하지 않고 뿌리를 깊게 내릴 때, 비로소 천종산삼이나 신송처럼 귀하고 의미 있는 존재로 거듭날 수 있을 것입니다.

시간을 넘어 피어나는 향기

세상의 모든 꽃들은 저마다의 아름다움을 뽐내지만, 그 개성을 따라 시간의 흐름 속에 각기 다른 이름으로 피어납니다.

화사함의 절정인 봄꽃 벚꽃, 개나리는 설렘을, 풍성하고 열정적인 여름꽃 장미, 수국은 생동감을, 고즈넉이 물드는 가을꽃 국화, 구절초는 깊이를, 그리고 삭풍 속에서도 굳건히 피어나는 겨울꽃 동백, 복수초는 강인한 희망을 노래합니다.

유독 나이가 들수록 봄꽃이 좋아진다는 이야기는 단순한 선호를 넘어섭니다. 길고 혹독했던 겨울의 침묵 속에서 꽃을 볼 수 없었던 이들에게, 봄이 되어 마침내 땅을 뚫고 피어나는 야생화의 순수한 몸짓은 한 해를 꿋꿋이 견뎌낸 삶에 대한 환희이자 찬사로 다가옵니다. 그것은 곧, 생명의 재탄생을 목도하는 벅찬 감격인 것입니다.

올해는 예년보다 일찍 찾아온 장맛비가 우리의 발목을 붙잡아 '방콕'의 시간을 선물했습니다. 역설적으로 이 여유로움 속에서 우리는 잠시 걸음을 멈추고, 흘러간 시간의 페이지를 조용히 넘겨봅니다.

虎死留皮 人死留名
호사유피 인사유명

이 회상의 시간 속에서 낯익은 멜로디들이 마음의 창을 두드립니다. 이탈리아 칸초네의 애틋함이 묻어나는 "노노레타(Non Ho L'età)"의 선율, 그리고 스키터 데이비스의 "The End of the World"가 자아내는 아련함은, 시대를 초월하여 우리의 감성에 깊숙이 스며드는 명곡의 힘을 다시 한번 깨닫게 합니다.

"호사유피 인사유명(虎死留皮 人死留名), 호랑이는 죽어서 가죽을 남기고, 사람은 죽어서 소중한 이름을 남긴다."는 한자성어는 단순히 위대한 인물에게만 해당하는 것이 아닐 것입니다.

시대를 풍미하고 떠난 명곡 속 가수들의 삶 또한 이 진리를 따릅니다. 그들이 남긴 노래는 하나의 이름이자, 시간을 초월하여 수많은 이들의 가슴에 영원히 피어나는 향기입니다.

노래라는 예술을 통해 그들의 혼을 담아낸 이들처럼, 우리 또한 각자의 자리에서 '이름'을 남기는 삶을 살아가야 할 것입니다.

화려한 봄꽃이 아니더라도, 고독한 겨울꽃처럼, 혹은 보이지 않는 땅속의 뿌리처럼, 자신의 흔적과 가치를 세상에 새겨 넣는 것. 그것이야말로 진정으로 시간을 넘어 피어나는 아름다운 향기를 남기는 삶이 아닐까요.

우리는 모두 이 세상에 자신만의 꽃을 피우고 이름을 남기는 사람들입니다.

제4부
흔들리지 않는 마음

목마름을 깨우는 단비

메마른 영혼에 단비가 내렸습니다
그것은 단순히 갈증을 해소하는 물이 아니라
삶의 고단함을 씻어주는 은총과도 같습니다
촉촉해진 세상 위로
태양의 따스한 시선이 다시 드리워질 때
가장 아름다운 풍경은
곁에 선 동반자에게 건네는 배려의 손길에서 시작됩니다

사랑의 바람을 담아 부쳐주는 부채의 날갯짓은
뜨거운 열기를 식히는 감사의 언어이며
시원한 생수 한 병은 영혼의 우물에서 길어 올린
기쁨의 샘물입니다

그 작은 나눔은, 받는 이에게 천상의 기쁨을 선사하고
주는 이의 가슴에 확실한 행복이라는 훈장을 달아줍니다

'소확행'은 외부에서 주어지는 빛나는 왕관이 아닙니다
그것은 내 삶의 여정 위에서

스스로 꿰어 만드는 '티아라'처럼 찬란합니다
지금, 이 숨결의 율동을 느끼는 것
세상의 풍요 속에서 배고픔을 잊는 평화
자유로운 영혼이 원하는 대로 발걸음을 옮기는 용기
이 모든 순간은 이미 우리에게 허락된 가장 큰 축복이며
존재 자체로 완성된 행복의 시입니다

일상이라는 캔버스 위에
감사라는 물감을 칠할 때
소소함은 가장 빛나는 보석이 됩니다

노인이 존중받는 시대는 지났다

나이의 숫자만으로 존중받던 시대는 어느새 저물어 갔습니다. 세월이 깊어질수록 더 큰 권위를 얻는다고 믿던 오래된 관념은 빠르게 변하는 사회 앞에서 빛을 잃고, 기술과 정보가 하루가 멀다 하고 쏟아지는 시대는 존중의 기준마저 새롭게 재편하고 있습니다.

이제 존중은 나의 나이가 아니라, 어떤 마음으로 세상을 바라보고 어떤 태도로 사람들과 어울리며 어떤 방식으로 사회에 기여하는가를 묻는, 보다 정교하고 따뜻한 가치의 언어가 되었습니다.

한때는 삶의 경험이 세월의 깊이만큼이나 오래도록 유효했지만, 지금은 몇 해의 차이가 수십 년의 세대격차를 만들 만큼 변화의 속도가 빠릅니다. 젊은 세대는 시대의 최전선에서 기술을 익히고 흐름을 주도하며, 나이보다 능력과 태도가 관계의 기준이 되는 시대를 만들고 있습니다.

초고령사회에 접어든 오늘의 현실은 '노인'이라는 이름을 특별한 소수의 상징에서 벗어나, 사회의 넓은 구성원을 의미하는 일상적 단어로 바꾸어 놓았습니다. 그러므로 존중은 어느 한쪽의 특권이 아니라, 모든 세대가 함께 지켜야할 공동의 약속이 되었습니다.

수직적 호칭이 사라지고 이름 앞의 숫자보다 사람의 속내를 보려는 문화가 퍼지면서, 나이를 이유로 우대를 요구하거나 말 한마디로 복종을 기대하는 태도는 자연스레 설 자리를 잃어가고 있습니다.

그렇기에 오늘의 '어른다움'은 스스로 빚어가는 것입니다. 변화를 피하지 않고 오히려 기꺼이 받아들이며, "왕년에는…."이라는 오래된 문장 대신 "요즘은 그렇구나, 나도 배워야겠네."라고 말할 수 있는 열린 마음을 지닌 사람, 자신의 경험을 앞세우기보다, 젊은 세대의 이야기에 귀 기울이고 마음을 나누며, 듣는 순간의 온기를 아끼지 않는 사람, 오랜 세월 쌓아 온 능력과 지혜를 세상에 돌려주고, 은퇴 이후에도 멈추지 않고 배우며 나누며 살아가려는 의지를 지닌 사람, 작은 일에도 쉽게 흔들리지 않고 감정을 절제하며, 한 번의 호흡에 따뜻함을 실어 주변의 마음을 편안하게 만드는 사람…. 이런 이들이야말로 진정한 '어른'이라는 이름을 얻게 됩니다.

우리는 결국 모두 늙어갑니다. 그러나 늙는다는 이유로 미안해하지 않아도 되는 사회, 나이 듦이 고개 숙일 일이 되지 않는 사회를 만들어야 합니다. 나이가 많은 이들은 세월을 방패로 삼아 마음의 문을 닫지 않고, 젊은 이들은 연륜 속에 담긴 시간의 무게를 가벼이 여기지 않는, 그런 상호 존중의 길 위에서 비로소 세대는 조화롭게 만납니다.

나이는 그저 인생의 달력 위에 찍힌 조용한 숫자일 뿐입니다. 존중은 그 숫자를 어떻게 채워왔는지, 그리고 앞으로 어떤 마음의 결을 새겨 넣을 것인지에 달려 있습니다. 세월의 무게가 아니라 삶의 품격으로 존경을 얻는 아름다운 노년이 우리 앞에 천천히, 그러나 단단하게 다가오고 있습니다.

영원의 가치, 인공 보석 시대의 서정

오랜 세월, 다이아몬드는 꺼지지 않는 불꽃처럼 우리 마음속 가장 귀한 자리를 차지해 왔습니다. 그 특유의 맑고 영롱한 아름다움은 때로는 사랑의 맹세로, 때로는 변치 않는 부의 상징으로 빛나며 가장 고가로 유통되었죠. 하지만 과학의 냉철하고 뜨거운 숨결이 닿자, 흔한 흑연은 고온의 연단을 거쳐 마침내 인공의 빛을 머금은 다이아몬드로 다시 태어났습니다. 그 순간, 영원의 가치라 여겨졌던 보석의 시세는 속절없이 내려앉았고, 사람들은 새로운 아름다움의 시대를 예감하기 시작했습니다.

그리고 지금, 유럽입자물리연구소(CERN)의 깊은 지하에서, 중세의 연금술사들이 간절히 염원했던 황금의 꿈이 마침내 현실의 문을 두드리고 있습니다. 납(Pb)이라는 칙칙한 비금속이 최첨단 물리학의 손길을 거쳐 찬란한 금(Au)으로 변환되는 찰나의 순간을 포착한 것입니다. 비록 아직은 실험실의 작은 속삭임에 불과할지라도, 이는 금이 지녀온 통화 표준의 무게를 흔들 예고편처럼 다가옵니다.

금이 더 이상 희소한 자연의 선물이 아니라, 인간의 지성이 빚어

惠风和暢

낼 수 있는 물질이 되는 미래를 상상해봅니다. 통화의 기둥이었던 금본위제도는 서서히 역사의 뒤안길로 사라지고, 각국 중앙은행의 깊숙한 금고에 잠들어 있던 금괴들은 빛을 보게 될 것입니다.

어쩌면 이것은 단순한 물질의 가치 변화를 넘어, 우리가 진정한 가치를 어디에 두어야 할지 묻는 시대의 서정일지도 모릅니다. 눈부신 다이아몬드도, 찬란한 황금도 결국은 과학의 손길 앞에서 그 희소성을 내려놓는다면, 변하지 않는 것은 과연 무엇일까요?

물질적 가치를 넘어선 인간의 창조력과, 꿈을 향한 끈질긴 탐구야말로 영원히 빛날 우리의 보석이 아닌가 생각됩니다.

청춘의 거울, 어른의 숙성(熟成)

“인생은 늙어가는 것이 아니라 익어가는 것이다.”라는 말의 무게를 실감할 때가 있습니다. 허나, 세월의 더께가 모두 지혜와 성숙을 보장하는 것은 아니라는 서글픈 진실 또한 함께 깨닫습니다.

어른이라는 이름표 뒤에 숨겨진 인간의 민낯, 그 흔들리는 그림자는 청소년이라는 맑은 거울 속에 여실히 투영되기에 더욱 아픕니다.

계절이 바뀔 때마다 깃털을 갈아 끼우는 철새처럼, 기회 앞에서 능란하게 방향을 트는 이들의 모습을 보며 우리는 묻습니다. “저것이 우리가 물려줄 수 있는 어른의 초상인가?” 하고요. 위선과 방황 속에서 갈피를 잃은 어른들의 모습은, 이 땅의 청춘들에게 어떤 빛깔의 미래를 약속할 수 있을까요?

고민의 끝에서, 우리 스스로를 ‘리부팅(Rebooting)’하는 즐거움을 발견합니다. 빛바래고 낡아버린 사유의 잔해들을 과감히 내려놓고, 세상의 시류보다 한 걸음 앞선 참신한 생각들로 마음의 회로를 새

로이 짜는 일. 그것은 침묵하는 양심을 깨우고, 시들었던 영혼에 신선한 물을 주는 기쁨입니다.

어쩌면 삶은, 익숙한 것들로부터의 탈출을 감행할 때 비로소 새로워지는지도 모릅니다. 여행이 우리에게 주는 축복처럼 말입니다. 무료한 시간의 껍데기를 벗어던지고, 낯선 풍경 앞에서 마음과 시각을 새롭게 벼려낼 때, 우리는 비로소 진정한 행복에 닿습니다.

젊은 세대가 건네준 아름다운 언어, '소확행(小確幸)'은 그 진리를 섬세하게 일깨웁니다. 소소하지만 확실한 행복, 이는 거창한 성취의 봉우리 대신, 일상의 잔잔한 물결 속에서 보물을 찾아내는 감각입니다. 이 소확행의 순간들은 곧 일상의 분위기로부터의 달아남을 추구하는 행위이며, 낡은 세계를 허물고 새로움을 갈망하는 영혼의 작은 몸짓입니다.

청소년에게 물려줄 가장 고귀한 유산은, 흔들릴지언정 다시금 빛을 향해 기꺼이 '리부팅'하고, 일상의 작은 빛을 소중히 여길 줄 아는 어른의 살아있는 모습일 것입니다.

어버이날에

- 그 따뜻한 밥 한 그릇의 기억을 떠올리며

전기가 없던 시절
겨울밤은 길고 방안의 숨결마저 하얗게 얼어붙곤 했습니다
그런데도 어머니의 손끝에서만은
기적처럼 따뜻함이 피어났습니다

가족들이 돌아오면
"속 뜨끈하게 밥 좀 먹어라" 하시며
아랫목의 온기 어린 자리
이불 속 깊은 곳에 밥그릇을 살포시 넣어 두시던 분
그 밥 한 숟가락에는
쌀의 향보다 깊은 어머니의 무한한 정성이
조용히, 그러나 뜨겁게 스며 있었습니다

어버이날을 맞아 떠오르는 고전 한 구절.
중국의 사서오경 중 『예기(禮記)』
그리고 박세무의 『동몽선습』에 실린 말
"출필고 반필면(出必告 反必面)"

出必告 反必面

나갈 때 알리고, 돌아올 때 얼굴을 뵈라는 뜻
이 단순한 예절 속에는
부모의 마음을 헤아리려는 작은 노력
그 정성의 백 분의 일이라도 되갚으려는
자식의 마음가짐이 담겨 있는 것입니다

정한수 한 그릇 떠놓고
가족의 무사와 평안을 빌던 그 기도의 마음을
우린 얼마나 알고 있을까요
세상사에 늘 초록 신호등만 켜질 수 없듯
삶은 때로 비바람 치고 막다른 길도 보이지만
그 모든 고비마다
우리를 지탱한 건
어머니의 따스한 밥처럼
말없이 건네던 사랑이었습니다

어버이날
그 오래된 온기 앞에
오늘만큼은 묵묵히
감사 한 번
사랑 한 번
더 전하고 싶습니다

선의의 '기인(奇人)'들

- 세상을 넓히는 마음의 부자들

세상에는 재산의 크기보다 마음의 결이 더 넓은 사람들이 있습니다. 그들은 부를 쌓는 것으로 멈추지 않고, 다시 그 부를 세상으로 흘려보내며 더 많은 생명과 미래를 밝히는 이들입니다. 사람들은 이들을 '선의의 기인(奇人)'이라 부릅니다. 기이함이 아니라, 선한 뜻을 향한 특별함 때문입니다.

1. 빌 게이츠 - "부자로 죽었다는 말을 듣지 않겠다"는 결심

평생 IT 혁신을 이끌었던 빌 게이츠는 또 다른 방식의 혁신을 선택했습니다. 그는 지금까지 84조 원이 넘는 재산을 기부했고, 2045년까지 150조 원 전부를 사회에 환원하겠다고 선언했습니다. 과학기술로 세상을 바꾸던 손길은 이제 질병과 빈곤으로 고통받는 이웃을 향해 있습니다.

그는 말합니다. "부자로 죽었다는 말을 절대로 듣지 않겠다." 이 말에는 삶의 무게와 방향을 바꿔놓는 강력한 의지가 스며 있습니다.

2. 워런 버핏 - ‘기부의 연금술사’

투자의 귀재라 불리는 워런 버핏은 돈이 돈을 낳는 원리를 누구보다 잘 아는 사람입니다. 그러나 그는 그 돈을 다시 사람을 살리는 힘으로 되돌렸습니다. 그가 지금까지 기부한 금액은 82조 원, 앞으로 환원하기로 한 재산은 180조 원에 이릅니다. 버핏은 빌 게이츠와 함께 ‘더 기빙 플레지(The Giving Pledge)’를 만들어, 전 세계 부호들이 재산의 절반 이상을 사회에 환원하도록 이끄는 ‘기부의 촉매’ 역할까지 했습니다. 그의 삶은 묵묵합니다. 그러나 그 묵묵함은 세상을 강하게 밀어올리는 힘을 품고 있습니다.

3. 마크 저커버그 - 미래 세대에게 바치는 약속

마크 저커버그는 첫 딸을 품에 안은 날, 세상에 한 통의 공개 편지를 띄웠습니다. “너희 세대가 더 나은 세상에서 살기를 바란다.” 그는 그 바람을 행동으로 옮겼습니다. 자신이 가진 메타(페이스북) 지분의 99%, 약 52조 원을 평생에 걸쳐 ‘챈 저커버그 이니셔티브(CZI)’에 기부하겠다고 선언했습니다. CZI는 질병 치료, 교육 기회 확대, 인류의 미래를 위한 연구 등 ‘문제를 해결하는 자선’을 지향합니다. 그의 기부는 단지 나눔이 아니라, 미래에 대한 약속과 책임이었습니다.

고기를 잡아 만선으로 귀환하던
많은 추억을 뒤로하고,
늙고 지친몸으로 생각을 접고
강기슭 개펄에 외로히
떠 있는 빈배..

세 기인의 공통점은 단순합니다. 돈을 버는 것보다 더 큰 일이 있다는 사실을 알고 있다는 것, 그들은 부를 쌓는 손보다, 부를 돌려주는 손이 더 아름답다는 진리를 몸소 보여주었습니다.

누구나 마지막에는 빈손으로 돌아갑니다. 하지만 어떤 이들은, 떠난 뒤에도 세상에 오래 남습니다. 그들의 기부는 숫자가 아니라 사람을 살리는 따뜻한 온기, 그들의 발자취는 이름보다 더 큰 울림과 감동으로 남습니다.

이런 이들을 우리는 조용히, 그러나 깊은 존경을 담아 '선의의 기인(奇人)'이라 부릅니다.

삶의 터전, 그 경계에서 피어나는 의미

원하는 터에 깃들지 않은 생명은, 그 이름이 무엇이든 '잡초'라 불립니다. 배추밭에 상추의 푸름이 솟아나면, 농부의 눈에는 그것이 잡초입니다. 감자밭을 뚫고 고구마의 덩굴이 기어오르면, 그것 또한 잡초일 뿐입니다. 제자리를 벗어나 피어난 모든 존재는, 단지 '원치 않는 것'이라는 이름표를 답니다.

인간의 삶의 터전에서도 이 이치는 스며듭니다. 부모라는 밭에서 자식이 기대의 궤도를 벗어나면, 그 시선은 가혹하여 '잡초'와 다를 바 없습니다. 공동체라는 울타리 안에서 모두가 외면하는 행동을 할 때, 그는 고립되어 '잡초 취급'을 받습니다.

스스로를 화초처럼 정성스레 다듬어 가꾼 이는 맑고 고운 아름다움으로 빛이 납니다. 허나 잡초처럼 방치된 삶은 질서 없이 흩어져, 쉬이 예쁘게 보이지 않습니다. 가꾼다는 것은 곧, 세상에 맞추어 스스로를 빚는 고독한 노력입니다.

화초처럼 살아온 인생의 끝자락은, 불그스름한 노을빛으로 물들어

花爛春盛

신비롭습니다. 그 모습을 바라보는 것만으로도 가슴이 벅차오르는 듯, 삶이 꽃길처럼 아름다운 여정이었음을 증명합니다.

세월의 깊이가 주는 고통이 온몸 구석구석을 괴롭힐지라도, "사람은 아픔을 품고서야 비로소 살아지는 것이다."라는 깨달음이 가슴을 울립니다.

고단한 육체의 피로를 씻어내고, 저 황홀한 노을빛으로 내 영혼마저 헹구어냅니다. 그 속에서 비로소 진정한 평안과 벅찬 행복을 발견합니다. 단순히 "오늘도 태양이 떴구나."라는 무미건조한 읊조림에서 벗어나, "오늘은 내 인생의 새로운 봄날이다."라는 설렘과 희망을 가슴에 품고, 찬란한 하루의 아침을 경건하게 맞이합니다.

상식에 숨은 허(虛)와 실(實)

우리가 오래도록 믿어온 상식 가운데 하나가 있습니다. 바로 현미는 백미보다 영양이 풍부하고, 당뇨 환자에게 더 좋은 탄수화물이라는 믿음입니다.

그런데 지난 2월, 미국 미시간주립대 연구팀이 Risk Analysis 저널에 발표한 결과는 이 익숙한 상식을 잠시 멈춰 다시 바라보게 했습니다.

연구에 따르면, 현미는 백미보다 WHO가 규정한 1급 발암물질 '무기비소'의 함량이 약 40% 더 높다고 합니다. 이는 살균제 · 살충제와 같은 농약이 오염된 토양에 오래 노출된 결과가 현미의 겉껍질에 그대로 남아있기 때문이라 합니다.

영양은 풍성하지만, 그 속에 감춰진 위험까지 함께 씹어 삼키게 될 수 있다는 뜻이겠지요.

비소는 눈에 보이지 않는 중금속의 원소로, 배터리나 탄약 같은

如意吉祥

산업 분야에 쓰이는 물질입니다.

그 자체만으로 즉각적인 독성을 드러내는 것은 아니지만, 장기간 노출되면 유전적 변이를 일으켜 암을 유발할 수 있다고 알려져 있습니다.

그래서일까요. 건강을 위해 선택한 한 숟가락도 이제는 더 세심하게, 더 지혜롭게 바라볼 필요가 있어 보입니다.

영양과 안전 사이에서 우리 몸에 가장 온화한 길을 찾는 것, 그것이 진정한 의미의 '건강식'일지도 모릅니다.

산불피해가 남긴 깊은 교훈

영남지방에서 발생한 이번 산불은 30명의 소중한 생명을 앗아가고, 주택·농가·가축에 이르기까지 광범위한 피해를 남겼습니다. 한순간의 불길이 만들어낸 상처를 자연이 온전히 회복하기 위해서는 숲은 최소 30년, 생물종의 완전한 복원은 100년이라는 긴 세월이 필요합니다. 이는 우리가 잃어버린 것이 단순한 나무 한 그루가 아니라 세대가 쌓아온 생태 유산임을 일깨워 줍니다.

산지 녹화가 잘 이루어진 것은 자랑스러운 성과였지만, 그만큼 산불 진화에는 숱한 어려움이 따랐습니다. 특히 국가유산 훼손과 집단 거주 지역의 대형 피해는 향후 반드시 정책적 보완이 필요한 대목입니다.

무엇보다 산지 접근성 개선을 위한 임도(林道) 확충은 초기 대응력을 높이는 핵심 과제이며, 산지와 맞닿아 있는 국가유산·마을 등의 주변에는 방화막·방염막 설치를 국가가 보조함으로써 피해 확산을 미연에 방지해야 할 것입니다.

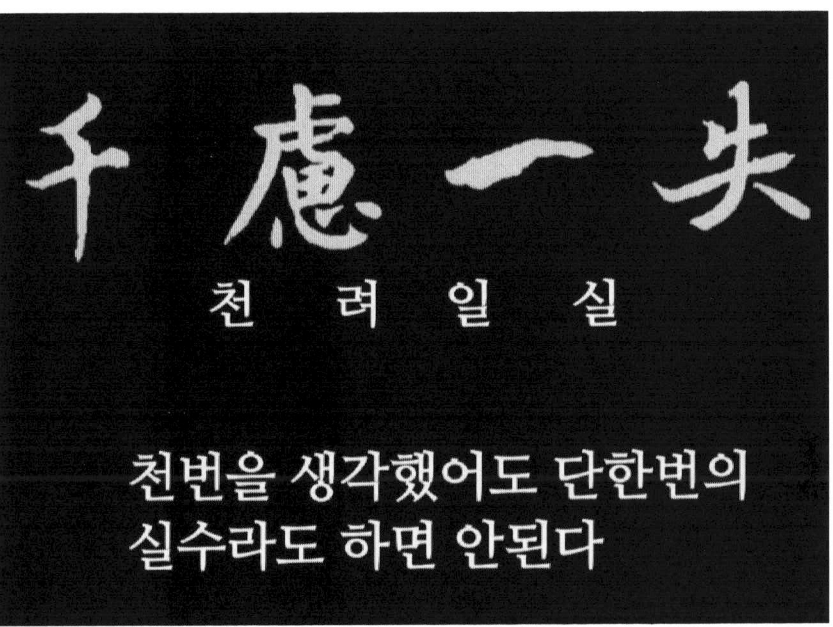

아울러 소방·방재 시설을 제조·판매하는 기업들 역시 시대의 요구에 발맞추어 일반 가정과 농가에서도 활용 가능한 경량형 방화막과 방염 자재 개발에 나선다면, 이는 충분한 경제성과 공익성을 겸비한 분야가 될 것입니다.

이번 산불이 남긴 상처가 헛되지 않도록, 우리는 이 사건을 미래 세대를 위한 교훈으로 삼아 더 안전한 산림 환경과 국가유산 보전 체계를 만들어가야 할 것이다.

양성평등(兩性平等)

대부분의 자연에서는 암컷보다 수컷이 더 화려한 깃을 펼치고, 몸집 또한 크게 진화해왔다.

암닭보다 숫닭이, 암꿩보다 수꿩이, 그리고 숫원앙의 눈부신 깃빛이 번식의 계절마다 숲을 물들인다.

사랑을 얻기 위한 몸부림이, 수컷의 날개에 색을 입히고 울음에 힘을 실어준 것이다.

그러나 자연은 언제나 한 방향으로만 흐르지 않는다. 거미와 사마귀, 개구리와 두꺼비, 매와 독수리 같은 생명들은 오히려 암컷이 더 크고 강하며, 삶의 주도권을 쥐고 서 있다.

생명이 선택한 다양성의 지혜가 이토록 넓고 깊다는 사실은 우리에게 많은 것을 말해준다.

그런데 인간의 사회에서는 여성을 '아름답다'고 부르면서도 정작

"레이디 퍼스트(Lady First)"라는 말조차 형식적 인사말처럼 공허하게 떠돌 때가 많다.

한자에서도 '자웅(雌雄)'이라 하여 암컷을 앞세워 이름 붙였으나, 그 언어적 순서조차 현실의 차별을 걷어내지 못한다.

우리 사회에서는 여전히 남성과 여성을 '남녀(男女)'라 부르고, 조직과 권력의 중심에 성(姓)씨는 '남성의 성'이 굳건히 놓여 있다.

단순히 단어 하나를 바꾸는 일 같지만, 한 시대의 시선이 바뀌는 데는 그 작은 변화의 씨앗부터 필요하다.

그러나 아직 "'여남(女男) 관계'라는 표현을 먼저 입에 올리는 지도자는 좀처럼 보이지 않는다.

선거철에도 '당선인'은 높임말처럼 울리고 '낙선자'는 낮춤말처럼 깔린다. 스스로 선거의 주인인 국민 앞에서도 언어의 높낮이는 여전히 고루하다. 모든 존재가 과정의 주체라면, 그 말 또한 평평해야 하지 않을까.

진정한 양성평등은 누가 앞에 서느냐, 누가 뒤에 서느냐의 문제가 아니다.

兩性平等意識

서로의 그림자를 덮지 않고, 빛과 빛이 나란히 흐르는 길을 만드는 일이다.

양성이 균등한 사회는, 누군가를 높이고 낮추는 사회가 아니라 모두의 삶이 동등한 결을 가진 사회다.

그런 사회야말로 진정한 선진사회이며, 미래 세대가 당당히 걸어갈 수 있는 평등의 토대가 될 것이다.

자연은 이미 우리에게 다양성의 시를 들려주고 있다. 이제 인간 사회가 그 시를 배워 쓸 차례다.

화품(花品)

삼월의 문이 열리면,
봄은 마치 오래 기다린 약속처럼
조용히, 그러나 단호하게 우리 곁으로 스며듭니다

눈 속에서 먼저 고개를 든 설중매가
하얀 숨결을 틔우고
뒤이어 생강꽃의 은은한 향
개나리의 환한 웃음
진달래의 붉은 숨결이
계절을 물들이며 차례로 피어날 것입니다.

우리 국민이 사랑하는 꽃들…
장미의 열정, 국화의 절개, 백합의 순정
무궁화의 굳건함, 안개꽃의 속삭임
코스모스의 가을 바람…
그 모든 꽃에는 저마다의 마음씨와 품격이 깃들어 있습니다

사람에게 인품(人品)이 있듯
꽃에게도 화품(花品)이 있습니다

눈 속에서도 기어코 자신을 피워 올리는 설중매
서리와 찬바람을 견디며 만개하는 국화
진흙 속에서도 티끌 하나 묻히지 않는 연꽃(處染常淨)
사계절 푸르고 곧은 송죽의 절개…
그 품성은 오랫동안 인간의 뜻을 비추는 거울이 되어주었습니다

겨울 내내 쌓인 폭설의 상처가 아직 남아있지만
머지않아 눈은 비로 변해
당신의 어깨 위에 조용히 내려앉을 것입니다

지금 우리는 강우량으로 비를 계산하지만
옛사람들은 비의 형상과 마음을 읽어
섬세한 이름을 붙였습니다

살며시 내려 마음을 적시는 이슬비는 로우(露雨)
옷깃 속까지 스며드는 목우(沐雨)
세찬 기세로 퍼붓는 폭우(暴雨)
오래도록 하늘의 숨결처럼 이어지는 임우(霖雨)
바람과 비가 한데 뒤섞여 지나가는 풍우(風雨)

그 모든 비는 세상을 적시고
우리 마음 또한 다시 맑아지게 하는
자연의 시(詩)였습니다

꽃이 피어날 계절
당신의 마음에도
고운 춘광(春光)이 번져오기를 바랍니다

유머를 잘 이용한 정치의 지혜

치열했던 조선의 당쟁 속에서도, 뛰어난 유머 감각으로 팽팽한 분위기를 녹여냈던 걸출한 인물이 바로 세조였습니다.

세조는 '나의 만리장성'이라 칭하며 신숙주와 구치관을 특별히 신임했지요. 구치관을 새 정승으로 임명한 세조는, 물러나는 신숙주와 신임 구치관 사이의 불편한 기류를 감지했습니다. 그는 이 신·구(新舊) 두 정승을 어전으로 불러 이들을 화해시키는 절묘한 정치 드라마를 연출했습니다.

임금의 질문에 오답을 할 경우 벌주를 내리겠다는 명을 내린 후, 세조는 "신 정승!"이라 불렀습니다. 신숙주가 "예!"하고 대답하자, 세조는 "신(新) 정승을 불렀지, 신(申) 정승을 부른 것이 아니다!"라며 벌주 한 잔을 내렸습니다.

이어서 구 정승을 부르자 구치관이 대답했고, 이번에는 "구(舊) 정승인 신숙주를 불렀다!"며 다시 벌주를 내렸습니다. 다시 "신 정승!"을 불러 신(新) 정승인 구치관이 대답하면 "신(申) 정승을 불렀다!"며 벌주를 내리는 식이었지요. 결국 두 사람은 만취 상태에서 자연스레 앙금을 털어내고 화해할 수 있었다고 합니다. 이는 곧 유머가 빚어낸 대단한 정치적 화해술로, 정국을 유연하게 이끌어간 세조의 지혜를 보여줍니다.

현대 정치사에서도 유머는 리더의 위트와 인간적인 매력을 드러내는 강력한 무기였습니다.

로널드 레이건 대통령은 저격당한 후 수술을 마치고 회복실에서 깨어나자마자, "할리우드에서 이렇게 저격당할 만큼 주목을 끌었으면 배우를 그만두는 것이 아니었는데!"라고 말해 국민들의 걱정을 단숨에 기대로 바꾸고 깊은 인상을 남겼습니다. 이 한마디는 위기를 대중에게 어필하는 기회로 승화시킨 명연설이었습니다.

윈스턴 처칠 경의 재치는 그의 정치적 삶을 관통하는 빛나는 훈장이었습니다. 노동당 상대 후보가 선거 연설에서 처칠의 늦잠 습관을 꼬집으며 "늦잠꾸러기에게 나라를 맡길 겁니까?"라고 공격하자, 처칠은 여유로운 웃음을 지으며 응수했습니다. "저는 새벽 4시에 못 일어납니다. 예쁜 마누라와 살다 보니 늦잠을 잡니다. 저도 만약 못생긴 마누라와 결혼했다면 4시에 일어날 수 있었을 겁니다." 이 유머는 자신의 약점을 방어하는 동시에 상대에게 심리적인 위축감을 안겨주는 탁월한 능력이었습니다.

의회 출석에 자주 지각하는 처칠에게 야당 의원들이 질책하자, 그는 다시 한번 위트로 상황을 모면했습니다. "의원 여러분도 예쁜 마누라와 같은 침대에서 자 보십시오. 저를 이해하실 겁니다. 그러나 다음부터는 의회 출석 전날은 각방을 쓰겠습니다." 야당 의원들은 폭소에 잠겨 더 이상의 공격을 잇지 못했습니다.

연설을 위해 연단에 올라가다 실수로 넘어지자 청중들이 박장대소했습니다. 처칠은 아무 일 없었다는 듯 일어나 청중을 향해 말했습니다. "여러분이 그렇게 좋아하신다면, 또 한 번 넘어져 드리겠습니다!" 순식간에 장내는 숙연해지며 그의 대담한 기지에 감탄했습니다.

여든이 넘어 은퇴한 처칠에게 한 여인이 젊었을 적 그의 유머를 상기시키며 말했습니다. "처칠 경, 바지(지퍼) 단추가 풀렸습니다." 처칠은 태연자약하게 응답했습니다. "네 부인, 안심하십시오. 죽은 새는 새장이 열렸어도 도망가지 못합니다." 나이가 무색한 그의 익살스러운 대답은 청중에게 큰 웃음을 주었습니다.

프랭클린 루스벨트 대통령이 처칠이 묵던 호텔방에 방문했을 때의 일화는 외교적인 위트를 보여줍니다. 당시 처칠은 수건만 허리에 두른 알몸 상태였는데, 루스벨트가 들어서는 순간 그 수건이 풀려버리고 말았습니다. 루스벨트가 당황하여 "이거 미안하게 됐소."

라고 말하자, 처칠은 두 팔을 벌리고 웃으며 말했습니다. "보시다시피, 우리 대영제국은 미국과 미국 대통령에게 숨기는 것이 아무것도 없소이다." 이 한마디는 외교의 긴장감을 누그러뜨리고 두 나라 사이의 친밀감을 극대화한 명대사로 남았습니다.

싸우지 않는 부부가 없듯이, 싸우더라도 빨리 화해하는 부부가 있듯이, 오늘날 욕설과 언어폭력이 난무하는 삭막한 정치 풍토 속에서는 싸우는 기술이 필요합니다. 대인관계에서 윤활유 역할을 하는 유머 감각(Sense of humor)은 살아가는 지혜이자, 갈등 속에서 관계를 회복시키는 뛰어난 이들의 강력한 무기입니다. 유머는 단순한 농담이 아니라, 상황을 장악하고, 약점을 방어하며, 적을 동료로 만드는 고도의 정치적 기술이자 리더의 지혜입니다.

바람결의 마음, 부간부담(附肝附膽)에 대하여

살다 보면, 사람의 마음이 얼마나 가볍게 흔들릴 수 있는지
문득 깨닫게 되는 순간이 있다
누군가는 다정한 듯 다가왔다가도
어느 날 갑자기 등을 돌리고
또 다른 누군가는 마치 늘 그 자리에 있었던 사람처럼
스며오다가 어느새 사라진 자리에 바람만 남겨 놓곤 한다

옛사람들은 그런 이들을 두고
"간에 붙고, 쓸개에 붙는다"
부간부담(附肝附膽)이라 했다
듣는 순간 마음이 조금 쓰리게 만드는
그러나 시대마다 다른 얼굴로 되살아나는 말이다

조선의 어느 시절엔 옷깃 하나, 치마의 주름 하나에도
사람의 신념과 마음의 빛깔이 담겼다 한다
그만큼 자신이 속한 자리를 지킨다는 것이
중요하고, 때로는 목숨보다 귀했던 시대였다

그런데 그 속에서도 사람의 마음은 늘 흔들렸다
신숙주가 변절자라는 이름으로 불리고
유자광이 아첨과 처세로 살아남고자 애를 썼던 역사는
사실 멀리서 보면 거대한 바람이었을지 모르지만
가까이 들여다보면
단지 '살아남고 싶었던 한 인간'의 그림자일 뿐이다

그러나 살아남고자 한 마음이
자기 자신을 잃는 데까지 이르면
그 끝은 늘 쓸쓸했다
권력의 정상에 올라 보았자
그곳은 바람이 가장 거센 자리였고
버티지 못한 이들은 결국
본래 자신이 서 있어야 할 자리에서
멀리 떠밀려 나가고 말았다

유자광이 말년을 외롭게 보냈다는 이야기는
그래서 우리 마음을 오래 흔든다
사람은 누구나 빛을 향해 서지만
사실은 그늘이 자신을 더 많이 말해주는 법이다
그늘이 맑고 고요한 사람
그런 사람은 바람에도 쉽게 부서지지 않는다

문득 돌아보면
우리 곁에도 늘 '부간부담'의 그림자들이 있다
자기에게 이익이 되는 쪽으로만 기울다가
삶의 마디마디를 잃어버리는 사람들
하지만 이상하게도
그들을 볼수록 더 선명하게 떠오르는 사람이 있다

바람이 불어도 방향을 바꾸지 않는 사람
사람들의 말이 흔들려도
자기 마음의 온도를 잃지 않는 사람
상대에게 보여주기 위한 얼굴이 아닌
그저 있는 그대로의 자신으로 서 있는 사람

그런 사람을 떠올릴 때마다
나는 마음이 조용히 따뜻해진다
그리고 삶이란 결국
누구의 뒤를 따라 움직이느냐가 아니라
어떤 마음으로 나를 지켜내느냐의 문제임을
다시 배우게 된다

부간부담의 시대는 여전히 우리 곁을 맴돌지만,
그 바람 속에서도 흔들리지 않는 마음 하나쯤

一片丹心

가슴 깊은 곳에 간직하고 싶다

누군가의 필요에 따라 이리저리 흐르지 않고
내가 나에게 부끄럽지 않은 자리
흔들리되 부러지지 않는 삶
그것이면 충분하다고
나는 오늘도 스스로에게 조용히 말해본다

철종 임금과 막걸리의 추억

조선 제25대 임금인 철종(哲宗)은 강화도에서 어렵게 살던 몰락한 왕족 출신이었습니다. 그는 부모와 함께 유배 생활을 하던 중 태어나 나무를 베는 등 고단한 생활을 이어갔습니다.

갑작스레 왕위에 올라 온갖 진귀한 음식을 맛보게 되었으나, 철종은 강화도에서 힘들게 살 때 즐겨 마셨던 막걸리의 소박하고 깊은 맛을 잊을 수 없었습니다.

궁녀들이 장안의 소문난 주막집 막걸리를 구해 올리던 중, 철종은 허름한 토담집 주막에서 가져온 막걸리에서 비로소 그토록 그리워하던 맛을 되찾을 수 있었습니다.

궁녀들이 주막의 술 빚는 방법을 배워 궁중에서 그대로 재현하여 올렸으나, 그 맛을 낼 수 없었습니다.

철종은 오로지 그 움막집 토방(흙바닥)에 놓인 항아리에 멍석을 덮어 저온으로 숙성시킨 막걸리만이 제맛을 낸다는 것을 깨닫게 되었습니다.

아마도 왕궁 사람들은 저온에서 천천히 숙성시켜야 막걸리의 깊은 풍미가 살아난다는 중요한 원리를 당시에는 알지 못했을 것입니다.

조선 시대에 판서(判書)를 지낸 한 인물이 있었습니다. 그의 자식들은 아버지가 귀한 소주나 약주를 마다하고 하인들이나 마시는 막걸리를 즐겨 마시는 것을 이해하지 못하고 탓했습니다.

판서는 아무 말 없이 그들에게 소의 쓸개주머니 세 개를 구해 오라고 시켰습니다. 그리고는 각 쓸개주머니에 소주, 약주, 막걸리를 각각 담았습니다.

며칠 후, 쓸개주머니를 열어보니 놀라운 결과가 나타났습니다. 소주를 담은 쓸개주머니는 구멍이 나 있었고, 약주를 담은 쓸개주머니는 상해서 부패되어 있었지만, 막걸리를 담은 쓸개주머니는 원래의 모습 그대로 온전하게 보존되어 있었다고 합니다.

이는 같은 항아리에서 빚은 증류주인 소주나 발효를 거친 약주가 인체에 해를 끼칠 수 있는 성질을 지니는 반면, 막걸리는 오히려 인체의 조직을 보존하고 이롭게 하는 효능이 있음을 상징적으로 보

여주는 일화로 해석됩니다. 막걸리가 상류층과 하류층을 가리지 않고 몸을 보존하는 '평등 지향의 원리'를 지닌 술이라는 의미로도 받아들일 수 있습니다.

우리가 알아야 할 상식은 같은 방식으로 빚은 술이라 할지라도 여름에 빚은 술과 겨울에 빚은 술은 그 맛과 향에 큰 차이가 있다는 것입니다.

이는 술뿐만 아니라 고기나 생선회 같은 음식 역시 저온 숙성의 방법을 택해야만 비로소 깊은 풍미를 느낄 수 있는 것과 같은 이치입니다.

특히, 추운 겨울에 빚어진 저온 숙성의 술은 숙취가 적고 차가워진 우리 몸을 따뜻하게 데워주는 탁월한 효과까지 지니고 있다고 전해집니다.

흔들리지 않는 마음[不動心]

겨울이 깊어질수록 세상은
마치 거대한 숨을 고르는 듯 고요합니다
얼어붙은 새벽 공기 속에서 사람들의 마음도
저마다 작은 주름이 하나씩 늘려가고
바람이 스칠 때마다 그 주름 사이로 한숨이 파고듭니다
“왜 이렇게 힘들까”
누군가는 노래처럼, 누군가는 기도처럼 중얼거리며
지친 하루를 털어냅니다

세상은 지금
큰 파도 앞에 선 작은 조각배 같습니다
흔들리고, 밀리고, 방향을 잃어도
바다는 여전히 흘러가고
우리는 그 위에서 자신만의 균형을 찾아야 합니다

그러나 자연은 아주 오래전부터
한 가지 비밀을 귀띔해왔습니다

추위가 깊을수록 봄은 더 가까이 온다는
가장 어두운 밤이 끝날 무렵
새벽은 이미 발끝에서 피어나고 있다는
조용한 진리를…

그 진리를 붙들게 해주는 마음
그것이 바로 부동심(不動心)입니다

바람 속에서도 휘어지되 꺾이지 않는
부동심은 단단히 잠긴 돌문이 아닙니다
모든 감정을 닫아건 채
세상의 아픔을 외면하는 냉랭함도 아닙니다
부동심은 바람을 온몸으로 맞으면서도
아무 말 없이 뿌리를 깊게 박고 서 있는
산속의 노송 같은 마음입니다

눈보라가 가지를 휘청거리게 해도
그 흔들림 속에서조차 자기 자리만은 잃지 않는 마음

삶이 때로는 잎을 떼어가고
가지 하나를 꺾어가더라도
뿌리까지는 흔들 수 없도록

지켜온 가치와 양심을
고요히 껴안아 주는 마음

세상이 소란스러울수록
우리는 더 작은 소리에도 흔들립니다.
유행의 속삭임, 남들의 시선, 끝없는 말의 물결…
그 사이에서
내 마음의 목소리는 어느새
가녀린 실오라기처럼 얇아집니다

그러나 맹자가 말한 부동심은
천둥 같은 용맹이 아니라
등불 하나를 지키며 걷는
고요한 용기였습니다

비록 천만인이 반대하더라도
스스로 옳다고 여기는 길을
한 걸음씩 밝히며 나아가는 힘
한밤의 등불처럼
작지만, 한 번 켜지면 쉽게 꺼지지 않는 그 힘

그 등불이 밝혀져 있을 때만

우리는 비로소
흔들림 속에서도 중심을 잃지 않고
자기라는 길을 걸어갈 수 있습니다

아무리 매서운 겨울이라도
시간은 결국 봄을 향해 흐릅니다.
얼어붙은 강 위에도
어느 날 문득
한 줄기 물길이 다시 흐르기 시작하듯
우리의 어려움도 언젠가는 녹아내릴 것입니다

그러니 지금은
조급함보다 숨을 고르고
어지러움보다 마음을 낮추며
뿌리를 더 깊이 내릴 때입니다

흔들리지 않는 마음 하나
그 마음이야말로
겨울의 어둠을 걷어내고
봄의 빛을 맞이하게 하는
가장 단단하고도 따뜻한 힘입니다

『논어별재(論語別裁)』에서 얻은 교훈

"주천난주 사월천, 잠요온화 맥요한, 출문망청 농망우, 채상낭자 망음천(做天難做 四月天, 蠶要溫和 麥要寒, 出門望晴 農望雨, 採桑娘子望陰天, 설령 하늘이더라도 4월의 날씨를 만들기란 어려우리라 / 누에는 따뜻하길 바라고 보리는 차갑기를 원하며 / 문밖을 나선 이는 맑기를 바라는데 농부는 비를기다리고 / 뽕잎 따는 아가씨는 흐리기를 바라네"라는 내용으로, 농부들에게 전래되어 오던 민요풍의 노래를

대만의 저명한 학자인 "난화이진(南懷瑾)"이 시로 써서 『논어별재(論語別裁)』라는 자신의 저서에 올려 놓은 칠언절귀로 모 검찰총장이 이(詩)를 인용하여 자신의 마음을 표현하였다 하여 널리 알려지기 시작하였는데, 참뜻은, 이해가 상충되는 집단들에서 분출되는 다양한 욕구들을 수렴해서 해결해야 될 어려움에 대해시를 빌어 인용 한 것이다.

옛날 어느 임금이 신하들의 총명함을 시험해보기 위해 두드리지 않아도 울리는 북을 만들어 오라는 명령을 내렸는데, 어느 신하가

꿀벌과 벌집을 북 속에 넣어서 북을 만들어 임금에게 받치니 그 북은 둥덩둥덩 소리가 울려서 임금이 만족해하였다는 이야기가 전해 내려오고 있습니다.

이세상 모든 일들은 슬기롭게 해결할 수 있는 비책이 담겨있습니다.

인생도 결정적인 신의 한 수가 필요할 때가 있다고 봅니다. 현명한 결정도 중요하지만 절묘한 타이밍도 중요합니다. 녹녹치 않은 국·내외적인 여건에서 한국 정치는 난세를 극복한 제갈 량의 지혜를 배워야 한다고 봅니다.

『논어(論語)』에 "길에서 주워들은 말을 길에서 옮기는 것은 덕을 버리는 것이다(道聽而途說德之棄也 - 도청이도설덕지기야)"란 글이 있습니다.

요즘, 소셜미디어를 통해 진실이 왜곡된 내용들이 난무하는데 사실인지를 판단하지 못하고 퍼 나르는 사람들이 너무 많습니다.

직접 듣지 않았거나, 옮겨들은 말에 대해 진위 확인도 않고 왈가왈부함은 옳지 못합니다. 이런 부류가 많아 질수록 사회는 반목현상이 더욱 확대될 것입니다.

제5부

열두 번째 달

AI가 전해준 삶의 온기

우리는 종종 '운명'이라는 단어를 무심코 사용합니다. 정해진 수순, 피할 수 없는 결과처럼 말입니다. 하지만 최근 강북삼성병원에서 있었던 한 50대 남성 환자의 이야기는, 우리 삶의 가장 결정적인 순간에 보이지 않는 지성의 손길이 어떻게 운명의 방향을 틀 수 있는지를 가르쳐줍니다.

건강검진실에서 마주한 그 심전도 기계는 차가운 은색 금속 상자였을 것입니다. 그곳에서 평범한 일상을 살아가던 한 남자가 조용히 생체 신호를 흘려보냈습니다. 인간의 눈으로 보기에 그의 심장은 '괜찮다'는 침묵의 답을 내놓았을지 모릅니다.

우리 모두가 겪는, '뭐 별일 있겠어'라는 안일함처럼 말입니다. 그러나 그 기계 속에 심어진 인공지능(AI)은 침묵 너머의 아우성을 들었습니다. 수많은 생명의 데이터를 학습한 그 지성은, 평온한 그래프 아래 숨겨진 '매우 위험'이라는 절박한 신호를 읽어냈습니다. 마치 사금파리 속에 숨겨진 작은 금조각처럼, 아무도 주목하지 않던 미세한 패턴에서 임박한 파국을 예고한 것입니다.

이 순간이 너무나도 경이롭습니다. AI가 예측한 그 짧은 순간, 의료진은 지체 없이 움직였습니다. 초음파 검사실을 거쳐 응급실로 향하는 그 15분은, 한 사람의 남은 인생과 가족의 평화가 걸린, 세상에서 가장 긴 15분이었을 것입니다.

그리고 AI의 경고가 채 식기도 전에, 심장마비라는 차가운 손이 그를 덮쳤습니다. 만약 이 예측이 없었다면, 그는 아마 병원 문을 나서 집으로 향하는 길목에서, 혹 따뜻한 저녁 식탁 앞에서 갑작스러운 쓰러짐을 맞이했을 것입니다. 구급차가 오기까지, 전문적인 손길이 닿기까지, 시간은 무정하게 흘렀을 테고, 삶의 촛불은 맥없이 꺼졌을 것입니다.

하지만 AI가 앞당겨 놓은 그 시간 덕분에, 심장마비는 준비된 응급실이라는 안전한 무대 위에서 발생했습니다. 준비된 심폐소생술(CPR)은 꺼져가던 생명의 불씨를 다시 살려냈습니다.

결국 이 이야기는 기술의 발전만을 찬양하는 것이 아닙니다. 그것은 기술이 인간의 공감 능력과 결합했을 때 만들어내는 따뜻한 기적에 대한 이야기입니다. AI는 인간의 부족한 시야와 미처 닿지 못한 촉수를 대신하여, 가장 연약하고 소중한 것을 지켜내는 새로운 형태의 이웃이 되고 있습니다.

이 이야기는 '나의 삶' 역시 보이지 않는 수많은 시스템과 지성의 도움으로 이어지고 있다는 겸손함을 가르쳐줍니다. AI는 이제 차가운 데이터 분석가가 아니라, 우리 모두의 '골든 타임'을 지키며 삶의 온기를 더해주는 조용한 수호자입니다.

그 덕분에 오늘도 누군가는 사랑하는 이의 얼굴을 다시 마주할 수 있게 된 것입니다.

6.25전쟁의 상흔, 포천 일동초의 메아리

삼팔선
그 아픈 경계 위에
시간마저 숨을 죽인 채
칠십다섯 해가 흘렀습니다

포천 일동초의 맑은 웃음 아래
아이들의 발걸음 아래
땅은 여전히…
말 못할 상흔을 품고 있었습니다

2025년 동지섣달 차가운 겨울 바람이 스치던 십이월 팔일날
땅속 깊은 곳에 숨어 있던
차디찬 금속 하나
전쟁의 잔해가
느릿하게
천천히…
세상 밖으로 고개를 내밀었습니다

〈

시련의 바람에도 뿌리깊이 흔들리지 않고
마침내 침묵이 된 일곱 번의 십 년과
다섯 번의 해가 빚어낸 시간

만약에 중장비의 거친 손길이
그 깊은 잠을 깨웠다면

창가에서 동화를 읽던 아이들
분필 가루 흩날리며 꿈을 가르치던 선생님들…
그 소중한 일상이
한순간에 사라졌을지도 모릅니다.

생각만으로도 가슴이 아립니다.

땅속 깊이 묻혀진 6·25의 비명은
아직도 지워지지 않은 채
우리 곁에서 숨 쉬고 있었던 것입니다.

작은 학교의 교정은 이제
단순한 배움의 터가 아니
전쟁을 기억하고

평화를 되묻는
엄숙한 민족의 교육장이 되었습니다

부디, 아이들의 발걸음 아래에서는
폭발음이 아닌 희망의 노래만 흐르고

차가운 금속의 침묵은
따뜻한 평화의 메아리로
우리에게 되돌아오기를
간절히 간절히 기도합니다

열두 번째 달

앙상한 가지 끝
마지막 잎새 하나가
붉게 매달려 있습니다

덧없이 홀로 꺼져가는 심장
지는 것이 곧 완성인 듯
깊고 고요한 색으로 물듭니다

12월, 모든 것을 놓아주는 달
떨어짐은 소멸이 아니라
간절한 기다림을 향한 비움입니다

지금 이 순간의 침묵은
머지않아 다가올 봄
새싹으로 움트기 위한
숨 고르기입니다

〈

이별을 슬퍼하지 마세요
겨울의 깊은 잠 속에서
새로운 시작의 씨앗이
더욱 단단하게 움트고 있습니다

반려동물이 '개르신'으로 대접받는 시대

바람이 서늘해지는 계절, 길을 걷다 보면 품속에서 조용히 숨을 고르는 작은 생명으로부터 따스한 온기를 느끼며 가족처럼 품안에 포근하게 감싸안고 다니는 사람들을 많이 접하게 됩니다.

이제 우리는 이들을 단순한 '반려동물(伴侶動物)'이라 부르기보다, 삶의 깊숙한 곳까지 스며들어 기쁨과 위로를 건네는 'Pet'이자, 어느새 가족의 어르신처럼 모시는 '개르신(개 + 어르신의 합성어)'이라 부르고 있습니다.

이 다정한 합성어 속에는 나이가 들수록 우리의 손길을 더 많이 필요로 하는 반려견을 향한 펫팸(pet + family)족의 깊은 애정과 책임감이 담겨 있습니다. 그들은 더 이상 소유물이 아니라, 집안의 귀한 한 자리, 마음의 빈틈을 채워주는 존재이며, 때로는 진짜 어르신처럼 공경받고 보살핌을 받는 가족이 되어버렸습니다.

최근 펫팸족 사이에서 한방 수의학이 널리 사랑받는 모습은 이러한 '개르신 대우'의 가장 따뜻한 장면이라 할 수 있습니다. 노령으로 기력이 떨어지고 관절이 굳어 불편함을 겪는 순간, 보호자들은 마치 부모를 모시듯 정성을 다합니다. 생기를 북돋기 위한 침술, 굳은 관절을 부드럽게 풀어주는 추나 요법, 체질을 살펴 처방하는 한약, 그리고 희망을 되찾게 해주는 레이저 재활 치료까지 이 모든 과정이 한 사람의 가족을 돌보는 마음 그대로 진행됩니다.

그 비용은 지출이 아니라 '사랑의 투자'입니다. 보호자가 바라는 것은 단 하나, 자신의 '개르신'이 남은 시간을 덜 아프고 더 평안하게 살아가도록 해주는 것. 그것만으로 모든 정성과 노력이 충분히 값지다고 여깁니다.

결국 '개르신 대우받는 시대'는 물질의 풍요가 아니라 마음의 풍요가 만들어낸 풍경입니다. 생명을 존중하고 책임지는 품위 있는 태도, 작고 연약한 존재에게 최고의 의료 서비스를 아낌없이 제공하려는 노력은 우리 사회가 얼마나 윤리적으로 성숙해지고 있는지를 보여주는 잣대이기도 합니다.

우리 곁에서 묵묵히 사랑을 건네는 이 작은 가족들에게 우리는 충분히, 그리고 마땅히 최고의 대우를 해줄 자격이 있습니다. 그렇게 모아진 따뜻한 마음들이 한데 이어져 만들어가는 '개르신 문화'는 앞으로도 우리 사회를 더 부드럽고 따사로운 곳으로 이끌어 줄 것입니다.

자유는 저절로 얻는 것이 아니다

미국의 제3 대대통령 토머스 제퍼슨은 "자유의 나무는 때때로 애국자와 폭군의 피를 먹고 자란다. 이것이 자연의 법칙이다."라고 말했습니다.

이 문구는 자유나 민주주의는 저절로 얻어지거나 유지되는 것이 아니며, 희생과 투쟁을 통해서만 지켜질 수 있다는 강력한 메시지를 담고 있습니다.

이와 관련하여 '피를 흘린 투쟁'을 통해 자유민주주의를 쟁취하거나 지켜낸 실제 역사적 사례들을 열거해 보면 다음과 같습니다.

'4·19혁명'(1960년)은 이승만 정권의 '3·15부정선거'에 항거하여 학생들이 중심이 되어 전국적으로 일어난 민주화 시위때 경찰의 무차별적인 발포로 수많은 학생과 시민이 피를 흘렸으며, 결국 대통령이 하야하는 결과를 가져왔습니다.

'5·18광주민주화운동'(1980년)은 계엄군의 무력 진압에 맞서 시민들이 스스로 무장하고 항쟁하며 큰 인명 피해가 발생했습니다.

'6월민주항쟁'(1987년)은 박종철 고문치사 사건을 계기로 전두환 정권의 호헌 조치(대통령 간선제 고수)에 반대하며 전국적으로 확산된 대규모 민주화투쟁이었습니다. 이한열 열사의 희생 등 국민적 분노가 폭발하여 결국 대통령직선제를 골자로 하는 '6·29선언'을 이끌어냈습니다.

'12·3비상계엄선포'가 장기화 되었다면 국민저항으로 얼마나 많은 피를 흘려야 했을까요. 대통령의 탄핵은 이땅의 다시는 정치적인 행위로 비상 계엄령을 선포하여서 안된다는 교훈을 남겼습니다.

"군주민수(君舟民水)는 임금이 배(舟)이고, 백성은 물(水)이다."라는 뜻으로 "물은 배를 띄우기도 하지만 성난 물결은 배를 뒤집을수도 있다."라고 해석할 수 있고, 현대사회에서는 국민이 대통령을 지탱하지만, 또한 언제든 끌어낼 수 있음을 알아야 합니다.

초동나목(初冬裸木)

초겨울의 문턱, 바람이 싸늘하게 피부를 파고들 때, 세상은 한층 더 맑고 고요해집니다. 이 시기에 우리가 가장 자주 마주치는 풍경은 '초겨울의 앙상한 나무'라는 뜻의 "초동나목(初冬裸木)"입니다.

나목은 잎을 모두 떨구고 앙상한 가지만을 하늘로 뻗은 나무입니다. 화려했던 여름날의 녹음이나 풍성했던 가을의 색채를 모두 비워낸 모습은, 보는 이에게 깊은 쓸쓸함과 고요함을 안겨줍니다.

잎이 떨어진 나목은 그 자체로 나무의 본질을 드러냅니다. 복잡한 치장을 모두 벗어던진 채, 단단한 줄기와 가지의 구조를 있는 그대로 보여줍니다. 마치 삶의 모든 군더더기를 털어내고 가장 순수한 모습으로 돌아간 존재처럼 말입니다.

앙상한 가지 끝에 매달린 몇 방울의 이슬처럼, 세상과 단절된 듯한 고독함 속에서 자신을 되돌아보게 합니다. 그러나 나목의 모습이 단순히 상실만을 의미하는 것은 아닙니다. 초겨울의 차가운 정적 속에서 나목은 가장 강인한 생명력을 품고 있습니다.

가지 끝의 눈(芽)은 이미 다음 봄을 준비하고 있으며, 그 단단한 껍질 속에는 혹독한 겨울을 버텨낼 응축된 에너지가 잠자고 있습니다. 나목은 우리에게 침묵과 인내의 시간을 통해 더욱 견고하게 성장할 수 있다는 희망의 메시지를 전달하고있습니다.

인생의 겨울을 지나는 우리에게 초동 나목은 “지금 모든 것을 잃은 듯 보일지라도, 이는 다음 성장을 위한 비움의 시간이며, 내면의 힘을 단련하는 시간이다.”라는 중요한 교훈을 줍니다.

가장 앙상한 순간에도 생명을 놓지 않는 '초동나목'처럼, 우리도 삶의 고요한 시기를 묵묵히 견디며 다음 봄을 위한 뿌리를 더욱 깊게 내릴 수 있어야 합니다.

후안무치(厚顔無恥)

‘후안무치’란 말은 글자 그대로 “얼굴이 두껍고 부끄러움이 없다.”는 뜻으로, 사람이 지녀야 할 염치와 양심을 잊고 뻔뻔한 행태를 일컫는 말입니다. 그런데 이 말은 오늘날 우리 사회 곳곳에서 너무도 쉽게 목격되는 행동이 되어버렸습니다.

후안무치한 사람들은 자신의 잘못이 명백할 때조차 인정하기보다, 상황이나 타인에게 책임을 돌리며 스스로를 정당화하기에 급급합니다. 사소한 실수를 넘어 공동체 전체에 피해를 끼치는 중대한 사건에서도 책임 회피가 반복되고, 잘못을 저지른 당사자들이 오히려 당당한 표정으로 카메라 앞에 서는 모습은 이제 낯설지 않습니다. 각자의 자리에서 최소한의 수오지심(羞惡之心)조차 잃어버린 이 행태는 사회적 신뢰를 추락시키고 품격을 무너뜨리고 있습니다.

문제는 이러한 후안무치가 어느 한 개인의 일탈이 아니라, 우리 사회의 구조적 병폐처럼 만연하고 있다는 사실입니다. 책임을 지지 않는 사회지도층, 부끄러워하지 않는 이익집단, 공익보다 자신의 이익을 앞세우고도 도리어 ‘능력’이라 포장하는 각종 행태들이 두꺼운 얼굴로 버티면 뭐든 통과될 수 있다는 잘못된 관습이 만들어낸 결과입니다.

결국 후안무치가 횡행하는 사회에서 피해를 보는 것은 언제나 성실하게 살아가는 평범한 시민들입니다.

부끄러움을 모르는 소수의 뻔뻔함이 다수의 신뢰와 선의를 잠식하고, 정의로운 질서는 점차 후퇴하게 됩니다. 이러한 흐름을 멈추기 위해서는 개인의 성찰뿐 아니라, 공동체 전체가 뻔뻔함에 익숙해지지 않는 용기, 잘못 앞에서 침묵하지 않는 정의감과 윤리를 되찾는 일이 필요합니다.

자신의 허물을 인정하고 반성하는 한 걸음이야말로, 후안무치라는 사회적 병폐를 이겨내고 우리 공동체의 건강한 기반을 회복하는 가장 확실한 시작이 될 것입니다.

허심(虛心)

겨울이 깊어질수록, 우리는 조용히 허심(虛心)의 의미를 배웁니다. 찬 바람 앞에서 나무들은 무성했던 잎을 스스로 내려놓고, 들판의 흙은 한 해의 풍요를 흩어내듯 고요히 비워냅니다. 이것은 소멸이 아니라 다음 계절을 위한 가장 지혜로운 준비입니다. 비워낸 자리만큼 따뜻한 숨이 깃들고, 빈 그릇만큼 새 생명이 들어설 수 있기 때문입니다.

비워야 다시 채울 수 있다는 것을 계절은 알고 있습니다. 텅 빈 겨울 들판은 그래서 가장 온전한 기다림의 모습입니다.

그러나 우리의 삶은 어떨까요? 이미 가득 찬 마음에 우리는 더 많은 욕심, 더 높은 성공, 더 화려한 이름표를 억지로 밀어 넣습니다. 넘치는 잔이 새로운 물을 담지 못하듯, 가득 찬 마음은 새로운 기회를 받아들일 틈이 없습니다. 삶의 그릇이 너무 무거워 흔들릴 때 진짜 소중한 것들은 조용히 눌려 숨이 막힙니다.

행복은 늘 더 채우는 데서 오지 않습니다. 오히려 소중하지 않은 것을 과감히 내려놓는 순간, 우리의 마음은 봄을 맞을 빈 들판처럼 다시 숨을 쉽니다. 욕심을 비우는 일은 포기가 아니라 더 큰 것을 담기 위한 성숙한 선택입니다.

북풍이 산야를 휩쓸고 지나간 뒤, 세상은 온통 고요함으로 덮였습니다. 하얀 눈이 쌓인 산비탈에 홀로 서 있는 건 푸른빛을 잃지 않은 단단한 대나무뿐이었습니다. 사람들은 이 대나무를 가리켜 곧은 마디, 빈 속. 비었기에 더욱 강한 마음, 직절허심(直節虛心)이라 했습니다.

옛날, 이 산골 깊은 곳에 '만석(萬石)'이라는 부자가 살았습니다. 창고는 보물과 곡식으로 가득했지만, 그의 밤은 늘 불안했습니다. '혹시 누가 훔쳐 갈까', 혹은' 조금이라도 줄어들까'하는 걱정이 마음을 갉아먹었습니다.

어느 매서운 겨울밤, 만석은 차가운 바람 소리에 잠에서 깨어 문밖의 대나무 숲을 바라보았습니다. 바람이 휘몰아쳐도 꺾이지 않고, 온몸으로 소리를 받아내는 대나무.

그는 문득 생각했습니다.
"속이 빈 저 대나무는 어찌 저리도 곧은가. 가득 찬 내 마음은 어찌 이리도 흔들리는가."

그날부터 그는 매일 대나무 숲을 거닐었습니다. 차갑고 비어 있는 대나무의 속은, 세상의 모든 것을 받아들이는 그릇과 같았습니다. 비어 있으니 무거운 눈이 쌓여도 휘지 않고, 거센 바람마저도 품어낼 수 있었습니다.

만석은 조금씩 마음을 비우기 시작했습니다. 창고의 곡식을 굶주린 이웃과 나누고, 마음속의 질투와 불안을 내려놓았습니다. 욕심이 빠져나간 자리에 고요가 찾아왔고, 그의 얼굴에는 어느새 겨울 햇살 같은 미소가 떠올랐습니다.

겨울의 허심은 결국 더 가지려는 욕심을 버리고, 속을 비움으로써 곧은 절개를 지키는 힘이었습니다. 모든 것이 잠잠해지는 이 계절에, 만석은 비로소 어떤 바람에도 흔들리지 않는 마음의 평화를 얻었습니다.

원효대사의 삿갓이 보존되어 있는 사찰 오어사

경북포항 운제산(雲梯山) 숲길을 따라 오어사에 이르면, 바람과 산의 능선, 오래된 전각의 숨결이 함께 모여 마치 신라의 시간을 되짚어 주는 듯합니다. 그 고요한 공간 속에는 서늘한 바람처럼 한 고승의 삿갓 한 점이 남아있고, 스님들이 남긴 발자취가 여전히 땅 속에서 숨을 쉬고 있습니다.

신라 진평왕 시절 창건된 항사사, 오늘의 오어사는 신라 불교의 중심을 이루던 수행의 장소로 자장과 혜공, 원효와 의상스님 등 한 시대를 밝힌 네 분의 고승이 이 산사에 머물며 깊이를 더한 불교의 길을 다져나가던 모습이 떠오릅니다. 운제산 자락 곳곳에 남아있는 암자 이름들은 이제 일부만 남았지만, 그 속에는 천삼백 년 동안 사라지지 않은 수행의 향기와 울림이 고스란히 남아있습니다.

오어사 전시관에 보존된 원효대사의 삿갓 앞에 서면, 한 줄기 풀 뿌리로 엮은 그 얇은 모양 안에서 신라 요석공주를 부인으로 맞이 했던 원효(617~686)의 평생이 손끝에 스며드는 듯합니다. 소박한 삿갓 하나는 단순한 물건이 아니라, 승복을 벗고 스스로 소성거사

라 불리며 세상 속으로 걸어 들어갔던 원효의 길을 상징합니다.

오어사(吾魚寺)의 이름이 된 '내 물고기' 설화는 기적처럼 들리지만, 그 안에는 원효와 혜공 고승들이 나누었던 선문답의 향기가 담겨 있습니다.

죽은 물고기 한 마리를 살려낸 뒤 서로 "내 물고기"를 외쳤다는 이야기, 그리고 "여시오어(汝屎吾魚), 네 것은 똥이고 내 것은 물고기다"라는 혜공의 말은 다툼이 아니라, 대비되는 모든 것이 결국 둘이 아님을 깨달은 자들만의 똥과 물고기마저 경계가 없다는 그 깨달음은, 마음을 나누는 순간 진리가 흐려지고 나누지 않는 순간 바르게 보인다는, 신라 고승들의 깊은 사유를 담고 있습니다.

천년이 흘러도 원효대사의 삿갓은 여전히 바람처럼 가벼운 모습으로 남아있습니다. 그것은 한 수행자가 세상의 고통을 어루만지기 위해 걸었던 길과, 걸림 없는 마음을 향한 그의 다짐을 담은 상징물입니다.

오어사의 고요한 숲길을 걷다 보면, 그 삿갓이 남긴 목소리가 문득 들립니다.

단독가구와 고독사의 운명

요즘 추세는 '함께'보다 '홀로'가 더 자연스러운 시대에서 살아가고 있습니다.

통계청에 따르면 대한민국 전체 가구의 36%, 무려 804만 가구가 1인 가구라고 합니다. 홀로 선 삶이 독립과 자유의 상징으로 찬미되기도 하지만, 그 이면에는 누구도 모르게 깊어지는 고독이 짙은 안개처럼 깔려 있을수도 있습니다.

어느 순간, '고독사'라는 비극적 단어와 마주합니다. 고독사는 말 그대로 혼자 죽는 일처럼 보이지만, 그 안에는 개인의 마지막 순간조차 가족과 사회가 감지하지 못한 채 외롭게 떠나가야 합니다. 어떤이는 "현대 사회가 만들어낸 가장 비인간적인 종말"이라고 표현했습니다.

생의 종말을 이웃과 단절하고, 가족의 따뜻한 손길도 아닌 냉랭한 절차로 한 개인의 죽음 너머에 있는 사회의 지원을 바라보게 됩니다.

고독사는 더 이상 노년층만의 문제가 아닙니다. 경제적 불안정에 흔들리는 중장년층, 인간관계의 균열 속에서 고립되는 청년층까지 그 그림자는 넓고 깊게 뻗어가고 있습니다. 고립은 어느 연령도 피할 수 없는 질병처럼 번지고, 도시의 화려한 불빛은 그 속에 잠겨 있는 외로움의 깊이를 가려줄 뿐입니다.

804만이라는 숫자는 이제 하나의 경고입니다. 홀로 사는 이들이 늘어날수록, 우리 사회가 돌봐야 할 마음의 틈 또한 넓어지고 있다는 뜻입니다. 우리는 고독사를 개인의 불운으로만 치부해 온 낡은 시선을 버리고 관심을 가져야 할 때입니다.

단순히 생존 여부를 확인하는 기계적 돌봄을 넘어, 정서적 상태까지 살피고 삶의 활력을 북돋는 능동적 안전망이 필요합니다.

동네 경노당, 작은 모임, 밥 한 끼를 함께 나누는 소소한 자리가 사실은 가장 강력한 고독사 예방책이 될 수 있습니다. 외로움은 경제적 빈곤 못지않게 위험한 사회적 병이기에, 마음을 닫은 이들에게 먼저 손을 내미는 심리적 돌봄과 찾아가는 복지가 반드시 강화되어야 합니다.

세상은 점점 더 개인화되고, 혼자 사는 사람들은 앞으로도 계속 늘어날 것입니다. 우리는 그들에게 함께 살라고 강요할 수는 없습니다. 그러나 '홀로 살 수는 있어도, 홀로 죽도록 두어서는 안 된다.'는 명제만큼은 누구도 부정할 수 없습니다. 많은 인연을 쌓고 살아온 사람이 삶의 마지막 순간을 아무도 모르게 떠나야 한다는 것은 한 인간에게 허락될 수 있는 가장 쓸쓸한 결말입니다.

804만 개의 그림자가 드리워진 이 시대에, 우리는 그 그림자 속에 묻혀 있는 마음의 숨결을 결코 지나쳐서는 안 됩니다.

마지막 순간까지 인간으로서의 존엄을 지키게 하는 일, 그것이야말로 우리가 함께 살아가는 이유이며, 가장 따뜻한 유산일 것입니다.

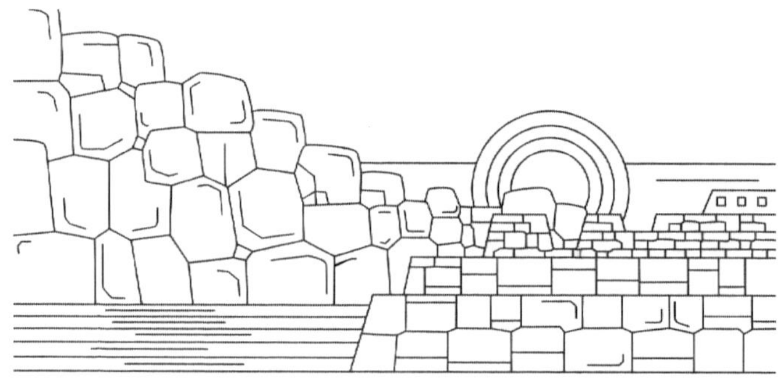

철 부지(不知)

철이 없는 사람을 '철부지'라고 부른다 철부지는 원래 '철 不知'라고 쓰며, '철'은 순수 우리말이며 부지는 알지 못한다 라는 한자어 단어다. 반대말로는 '철들다'라는 표현이 있다.

그렇다면 철이란 무엇인가? 김장철, 피서철, 겨울철등 때(時)를 일컫는 말이다. 봄, 여름, 가을, 겨울의 변화를 알아채지 못하는 사람이 철부지인 것이다 다시 말하면 '때를 모른다'는 말이다.

철을 모르는 사람은 땅이 꽁꽁 얼어붙은 엄동설한에 씨를 뿌리려고 들판에 나가는 사람이다. 눈밭에 씨를 뿌리면 싹이 나올리 없다.

가을이 되어서 수확을 해야 하는데, 철을 모르면 수확을 할 줄 몰라서 열매가 땅에 떨어져 버린다.

이렇게 설명하면 쉽지만, 사실 자기 인생 사이클에서 철을 정확하게 짚어내기란 상당히 어려운 문제이다.

따라서 철을 모른다는 것은 세상물정이나 사리를 분별함이 부족하다는 뜻이다. 자기 인생이 지금 어느 철(때)에 와 있는가를 객관적으로 파악하기가 어렵다는 사실이다.

내년에 4년마다 다가오는 지방선거에 지금부터 바람이 불기 시작하였다.

철을 알면 기다릴 줄 안다. 겨울 다음에는 반드시 봄이 온다는 사실을 아는 사람은 기다린다.

철을 모르면 기다리지 못한다. 철을 알고 모르고의 차이는 엄청나게 크다. 진단만 정확하면 그 사람 인생의 절반은 이미 성공한 사람이다.

살아보니까 진단하기도 어렵고, 제대로 된 진단을 받아보기는 정말 어렵다

진단을 할 줄 아는 사람이 바로 철든 사람이고, 진단을 내려 주는 사람이 스승이다.

오성의 해학과 풍류

오성 이항복의 풍류는 그의 삶 전체에 은은하게 배어 있던 해학과 기지의 향기에서 비롯되었다. 그는 언제나 상대를 웃기면서도 슬며시 깨우치고, 장난을 치면서도 관계를 더욱 단단히 만드는 사람으로 기억된다. 그래서인지 그의 이름을 부르면 자연히 죽마고우 한음 이덕형의 얼굴이 함께 떠오른다. 두 사람은 평생을 두고 토라졌다 화해하고, 속고 속이면서도 끝끝내 서로를 아끼던 친구였다.

어린 시절의 이항복은 이미 남다른 재치로 유명했다. '오성과 감나무' 이야기처럼, 남의 것을 탐하던 부자의 성정을 바로잡기 위해 어린아이가 만든 기지 넘치는 장치를 보면, 그의 해학은 결코 남을 웃음거리로 만들기 위한 것이 아니었다. 세상을 부드럽게 돌아가게 하는 지혜로운 장난, 그것이 이항복의 품성이었다.

이덕형과의 우정에서 그러한 성품은 더욱 선명해진다. 한음이 장난기 어린 마음에 시체로 위장해 오성의 담력을 시험했던 일화는 이미 널리 알려져 있다. 삭풍 부는 겨울밤, 오성은 죽은 이덕형의 널을 들여다보며 장난을 받아주듯 탄식했다. "이놈, 나보다 한 발

앞서 가는 것도 참 성미 급한 짓이로구나…" 그러자 갑작스레 벌떡 일어나는 한음. 놀라자마자 곧바로 폭소를 터뜨린 두 사람의 장면이 눈앞에 그려질 듯하다. 이처럼 두 사람은 서로를 속이고 놀리면서도, 그 속에서 끈끈한 우정과 신의를 더욱 단단히 다져갔다.

그의 풍류는 단지 장난과 기지만으로 이루어진 것이 아니었다. 장인 권율의 집이 있던 서울 필운동, 그곳의 높은 언덕 필운대는 당시 문인과 예술가들이 모여 시와 술을 나누던 명소였다. 구름 사이로 햇살이 흘러내리는 언덕 위에서, 오성은 벗들과 시를 읊고 나무 그늘을 벗 삼아 담소를 나누었을 것이다. 맑은 바람이 살결을 스치는 저녁 무렵이면, 필운대에 모인 문사들이 한 줄 시를 놓고 웃고 떠들며 서로의 재주를 겨루었을 터, 그 가운데 앉아 있던 이항복은 언제나 시원하고 호탕한 웃음으로 분위기를 열었다.

『광해군일기』에서도 그는 "호걸스럽고 시원한 성품에 아량과 풍도가 넓었다"는 평가를 받았다. 실제로 그는 격식에 갇히지 않고 사람의 면모를 먼저 보는 성품이어서, 난세의 조정에서도 막힌 흐름을 뚫고 갈등을 풀어내는 힘을 발휘했다. 많은 이들이 그의 말을 듣고 마음을 열었던 이유는, 그의 말 속에 웃음이 있었고, 그 웃음 속에 깊은 사람됨이 있었기 때문이었다.

어쩌면 오성의 풍류란, 한 폭의 시와 같았다. 무겁지 않되 가볍지 않고, 장난스럽되 품격을 잃지 않았으며, 웃음 속에 사람을 품는 여유가 있었다. 그 덕분에 그는 큰 전란 속에서도 조정의 마음을 모을 수 있었고, 사람들은 그를 만나면 어느새 근심을 내려놓고 환한 얼굴로 돌아갈 수 있었다.

그가 남긴 풍류는 오늘날에도 여전히 따뜻한 울림으로 전해진다. 웃음과 기지가 사람의 마음을 열고 세상을 부드럽게 만든다는 사실을, 오성 이항복은 이미 오래전부터 몸소 보여주고 있었다.

한 해를 보내는 아쉬움, 그리고 새해의 희망

한해에 마지막 끝달을 실감케 하는 한장의 달력만 걸려 있습니다. 마지막 잎새처럼 초라해보이기도 하지만 다가오는 새해에는 좋은일들이 많이 생겨나겠다는 기대를 갖고자합니다.

12월, 송구영신(送舊迎新)의 갈림길에 서니, 지난 1년의 모든 순간들이 필름처럼 빠르게 스쳐 지나갑니다. 마음에 잔잔한 기쁨을 주었던 즐거운 기억들은 옅은 미소를 짓게 하고, 때론 가슴을 시리게 했든 쉽지 않았든, 순간들은 성장의 밑거름이 되어 묵직한 울림으로 남습니다.

어느덧 붉게 물든 노을처럼 한 해가 저물어가는 이 길목에서, 못다 이룬 아쉬움은 따스한 미련이 되어 가슴 한켠에 머뭅니다. 잡으려 해도 잡히지 않는 시간의 흐름 앞에서, 우리는 한 권의 책을 덮듯 잠시 숨을 고릅니다. 하지만 아쉬움의 끝자락에는 언제나 설렘이 기다립니다.

이제 곧 맞이할 새해는, 하얀 도화지 위에 그려나갈 새로운 희망입니다. 올 한 해 미처 채우지 못했던 기쁨과 행복을, 다가오는 날들에는 더욱 풍성하게 누릴 수 있으리라는 간절한 기대가 마음을 두드립니다.

부디 다가오는 새해에는, 꽃 피는 봄날처럼 더 기쁘고, 더 즐겁고, 더 행복한 일들만이 가득하기를 소망합니다.

지나간 한 해는 고이 접어 마음속 서랍에 간직하고, 이제 희망을 품고 밝게 빛나는 새해의 문을 힘차게 열어봅시다.

윤영창 제2수필집

가장 눈부신 석양,

사색의 시간

초판발행일 2025년 12월 31일

지은이 : 윤영창

펴낸이 : 김순진

편집장 : 전하라

디자인 : 김초롱

펴낸 곳 : 도서출판 문학공원

주 소 : 서울 은평구 통일로 633 녹번오피스텔 501호

전 화 : 02-2234-1666

팩 스 : 02-2236-1666

홈페이지 : https://blog.naver.com/ksj5562

이메일 : 4615562@hanmail.net

※ 책값은 뒤표지에 있습니다.

※ 저자와의 협의에 의해, 인지는 생략합니다.